一汁三菜

おぼん献立

Hideka

簡単で
おいしい
褒められレシピ

ONE PUBLISHING

Prologue

この本を手にとっていただきありがとうございます。
2人暮らしの晩ごはんをSNSで発信しているHidekaです。

大切な人に作るごはん、
せっかくがんばって作る料理なのでおいしく作りたいですよね。

「おいしい」って褒めてもらえると料理がもっと楽しくなるはず！
でも料理を続けるには「簡単に作れる」ことも大切だと思っています。

この本では身近な食材とシンプルな調味料で
簡単に作れるのに、
感動するほどおいしくて褒められるレシピを紹介しています。

無理なく作れる一汁三菜の献立なので
献立に迷ったら、ぜひそのままマネしてください！

「今日はこれ作ろう」「明日はこれ作ろう」と
ワクワクしながら、たくさん作ってもらえるとうれしいです。

この本を通して、
たくさんの食卓が笑顔に
日々の生活がより豊かになりますように。

Hideka（ひでか）

contents

Prologue……2
Hidekaのおぼん献立……6
献立の立て方と買い物のポイント……8
調味料とストック食材……10
愛用の調理道具……12
調理のコツ……13

Part 1 人気献立

煮込みハンバーグ献立……14
- 煮込みハンバーグ
- クリームチーズ入りにんじんラペ
- マカロニサラダ
- 玉ねぎとベーコンのコンソメスープ

れんこんのはさみ焼き献立……18
- れんこんのはさみ焼き
- 厚揚げ明太チーズ
- ピーマンと卵のふんわり炒め
- じゃがバターコーンのみそ汁

**大葉とチーズの
ミルフィーユカツ献立……22**
- 大葉とチーズのミルフィーユカツ
- さつまいもの塩バター焼き
- きゅうりとトマトのツナマヨ和え
- アスパラとベーコンのみそ汁

鶏と野菜の甘酢あん献立……26
- 鶏と野菜の甘酢あん
- 明太じゃがバター
- スナップえんどうおかか和え
- 玉ねぎと油揚げのみそ汁

カニクリームコロッケ献立……30
- カニクリームコロッケ
- サーモンとアボカドのクリチ和え
- トマトのマリネ
- 白菜とベーコンのミルクスープ

厚揚げ豆腐の肉巻き献立……34
- 厚揚げ豆腐の肉巻き
- にんじんときゅうりの卵サラダ
- 枝豆
- 玉ねぎとじゃがいものみそ汁

鮭フライタルタル献立……38
- 鮭フライタルタル
- ピーマンとツナのナムル
- れんこんとさつまいもの甘じょっぱ炒め
- さつまいも入り豚汁

Part 2 定番献立

唐揚げ献立……42
- 唐揚げ
- ポテトサラダ
- のり塩れんこん
- 油揚げとなめこのみそ汁

和風ハンバーグ献立……46
- 和風ハンバーグ
- 明太れんこん焼き
- スナップえんどうとゆで卵のマヨ和え
- れんこん入り豚汁

ほっこり肉じゃが献立……50
- ほっこり肉じゃが
- 卵焼き
- いんげんのごま和え
- 玉ねぎと豆腐のみそ汁

麻婆豆腐献立……54
- 麻婆豆腐
- 春雨サラダ
- えびチリ
- わかめと卵の中華スープ

筑前煮献立……56
- 筑前煮
- カボチャサラダ
- 長いもおかか和え
- 油揚げとわかめのみそ汁

column

1 ごはんカタログ……58
さつまいもごはん／中華風おこわ／わかめごはん／
とうもろこしごはん／鮭と大葉の混ぜごはん／
ツナとまいたけの炊き込みごはん

2 副菜カタログ

赤……74
トマトチーズおかか／白だしづけトマト／
パプリカとたこのマリネ／れんこん明太マヨ／
きゅうりキムチ和え／長いも梅和え

緑……76
ほうれん草のお浸し／ピーマンとじゃがいもの
甘じょっぱ炒め／白だしづけアスパラチーズ／
ちくわ入りコールスロー／小松菜と牛肉のポン酢和え／
ブロッコリーとツナの卵サラダ

黄・オレンジ……78
れんこんにんじんのごまマヨサラダ／
カボチャサラダ／にんじんと明太子の卵炒め／
さつまいもとレーズンのクリームチーズ和え／
カレー風味のパスタサラダ／
ハムとコーンのポテトサラダ

Part 3 節約献立

とんぺい焼き献立……60
- とんぺい焼き
- ちくわとアスパラのバターポン酢和え
- 韓国のりトマト
- 豆腐としめじのみそ汁

豆腐入り月見つくね献立……64
- 豆腐入り月見つくね
- きゅうりとちくわのコーンマヨ和え
- キムチのせ冷奴
- 卵白とちんげん菜の中華スープ

よだれ鶏献立……68
- よだれ鶏
- 麻薬卵
- きゅうりともやしのナムル
- わかめと豆腐の中華スープ

大根そぼろ献立……70
- 大根そぼろ
- ピーマンとちくわの炒め物
- カニかまぼこ入り茶碗蒸し
- しいたけとわかめのお吸い物

夏野菜の揚げ浸し献立……72
- 夏野菜の揚げ浸し
- とうもろこしの唐揚げ
- きゅうりとささみの梅ポン酢和え
- 稲荷そうめん

Part 4 記念日献立

ローストビーフ献立……80
- ローストビーフ
- えびのサラダ
- ポテトチーズボール
- パイ包みのスープ

鮭とカボチャのグラタン献立……84
- 鮭とカボチャのグラタン
- 生ハムのシーザーサラダ
- ガーリックトースト
- ミネストローネ

スペアリブのコーラ煮込み献立……88
- スペアリブのコーラ煮込み
- ごちそうサラダ
- ウフマヨ
- カボチャのポタージュ

チキンレモンクリーム煮献立……92
- チキンレモンクリーム煮
- オニオングラタンスープ
- カプレーゼ

Part 5 丼もの

- キーマカレー……94
- タコライス……96
- ささみユッケ風丼……97
- ふわとろ親子丼……98
- やみつきビビンバ……99
- 特製オムハヤシライス……100
- ポークケチャップ……101

column 夫飯

大切な人にふるまう本格風フルコース……102
- 4種のブルスケッタ……104
- アボカドとサーモンのタルタル……104
- ブロッコリーのポタージュ……105
- きのこソースのチキンステーキ……105
- ベーコンと玉ねぎのリゾット……105

お腹いっぱい食べてほしいガツンと単品……106
- 肉巻きポテト……106
- えびのトマトクリームパスタ……107
- ピーマンとなすの豚バラみそ炒め……108
- カルボナーラ……109

食材別さくいん……110

Hidekaの おぼん献立

1 がんばりすぎない「一汁三菜」

家族には健康でいてほしい、家で一緒に食べるごはんを大切にしたい……そんな思いからバランスよく栄養がとれるといわれる「一汁三菜」の献立を作るようにしています。でも、副菜まですべてに手をかけるのは大変……。そこで、日々研究しているのが、時短でできる副菜や汁物。本当にすぐにできて、おいしく、彩りもキレイなメニューがたくさんあります。また、おぼんを使うことでカフェ風になって食卓が楽しくなります♪

作り置きを活用
副菜は多めに作って、翌日〜翌々日の副菜にすることもあります。1品できているだけで、晩ごはん作りがグンとラクに♪

冷凍しておいた食材を活用
油揚げやきのこ類などは、1回分ずつに分けて冷凍。汁物を作るときにそのまま使えて便利！時短にもなります◎

調理時間はだいたい40分

毎日の晩ごはん作りにかける時間は、だいたい40分。メニューによってはもう少しかかるものもありますが、時間のかかるメインのときは副菜を簡単なものにするなど、トータルの手間も考えて献立を考えています。

切って盛りつけるだけの副菜も
切って盛りつけるだけの1分でできる副菜もあります。ほかには、レンジを活用した時短メニューも紹介しています。

2 「かわいい盛りつけ」を意識

おぼん献立では、全体の色合いや、おぼんの上での配置にこだわっています。毎日の晩ごはんでテンションが上がるって、幸せなことだなと感じています☺

バランスのとれた配置
おぼんの上で、お皿と料理のボリュームが偏らないように気をつけています。左右対称を心がけると、自然とバランスがよくなります。

赤・緑・黄を入れる
この3色を意識して盛りつけると、色合いがキレイになります。次のような食材がおすすめです。

赤……トマト、明太子、パプリカ、梅干し
緑……レタス、大葉、小ねぎ、きゅうり、ピーマン
黄……卵、とうもろこし、カボチャ、さつまいも

トッピングで印象が変わる
最後に小ねぎやごま、パセリを散らすひと手間で、見た目が変わります。料理におしゃれをさせるイメージ♪

3 器の選び方

器は料理をほっこりとおいしそうに見せてくれる、あたたかみのあるものを選んでいます。シンプルなほうが、和・洋・中どんなものにも合います。おぼんの上でおさまりのいい小皿や小鉢がいくつかあると便利です◎

献立の立て方と買い物のポイント

1 献立の立て方

Step 1 メインを決める

まずはメインを決めます。優先しているのが、私や夫が食べたいものを作るということ。そのうえで、前日とのバランスも考えます（例：前日が豚肉だったら鶏肉や魚にするなど）。また、食材のムダをなくすため、消費したい食材を優先的に使うことも大切にしています。

Step 2 副菜を決める

全体のボリュームや味のバランスを考えて副菜を決めます（メインがこってり系なら副菜1品はあっさりしたものにするなど）。赤・緑・黄の色合いを意識したり、冷蔵庫に余っている半端な野菜なども活用したりします。

Step 3 汁物を決める

メインのテイスト（和食・洋食・中華など）に合わせてみそ汁、コンソメスープ、ポタージュ、中華風スープなどの汁物を決めます。具材は余っている野菜を活用することが多いです。

2 買い物は2〜3日分をまとめて

毎日買い物に行くのは大変……。1週間分をまとめ買いするのは重たいし、お肉の冷凍作業は面倒……。そのため2、3日に1回の買い物が私にはちょうどいいです◎ 日持ちする食材は安い日に購入してストック！ 冷蔵庫に余っている食材を使いつつ、足りない食材を買い足すようなイメージです。

事前にメモしていくと効率よく買い物できる！
献立を考えるときは紙のメモを使っていますが、実際に買うものはスマートフォンのメモ機能を使ってリストにしています。買い物かごに食材を入れたら、チェックマークをつけて買い忘れを防ぐことができて便利◎

旬の食材を積極的にとり入れる
旬の食材は栄養が豊富で、1年のうちでもっともおいしくなっているので、積極的に取り入れるようにしています。安く手に入るのもうれしいポイント！

旬の野菜いろいろ

春
- 春キャベツ
- 新玉ねぎ
- 新じゃが
- アスパラ
など

夏
- なす
- ピーマン
- ズッキーニ
- とうもろこし
など

秋
- きのこ類
- さつまいも
- カボチャ
- れんこん
など

冬
- 白菜
- キャベツ
- 大根
- ほうれん草
など

調味料とストック食材

1 調味料について

この本のレシピは、どこのスーパーにも置いてある基本的な調味料で作っています。よく使うものとたまに使うものをご紹介します。

よく使う調味料

- **1** しょうゆ
- **2** みりん
- **3** 料理酒
- **4** めんつゆ
- **5** 白だし
- **6** 酢（穀物酢）
- **7** ポン酢しょうゆ
- **8** 焼肉のタレ
- **9** とんかつソース
- **10** 塩こしょう
- **11** にんにくチューブ
- **12** しょうがチューブ
- **13** マヨネーズ
- **14** ケチャップ
- **15** 塩
- **16** 砂糖
- **17** コンソメ
- **18** 鶏ガラスープの素
- **19** みそ
- **20** 和風だしの素（顆粒）

たまに使う調味料

- **21** カンタン酢（ミツカン）
- **22** オイスターソース
- **23** ウスターソース
- **24** 中華ペースト
- **25** コチュジャン
- **26** 豆板醤
- **27** カレールー

2 ストックしておくと便利な食材

冷蔵庫やキッチンのストッカーにいつも入っている食材リストです。
買い物に行けなかったときも、これがあればなんとかなるお助け食材です。

冷蔵庫にいつもあるもの
- 卵
- 絹豆腐
- 梅干し
- ウインナー
- ベーコン
- 白菜キムチ
- チーズ
- 大葉
- 小ねぎ

日持ちする野菜類
- 玉ねぎ
- じゃがいも
- にんじん

乾物・缶詰類
- ツナ缶
- トマト缶
- コーン缶
- 乾燥わかめ
- かつお節
- 黒ごま、白ごま
- 乾燥パセリ
- 青のり

冷凍しておくと便利な食材

油揚げ
1cm幅に切り、1回分ずつに分けてラップで包む。

明太子
市販のスティックタイプのものを使用。ほぐす必要がなく便利。

小ねぎ
小口切りにし、保存容器に入れる。凍ったまま使える。

しめじ
ほぐして保存袋に入れる。使いたい分ずつ取り出せる。

枝豆
冷凍食品の塩味がついた枝豆を使用。自然解凍またはレンジ解凍で。

むきえび
下処理済みのものを使用。殻をむく手間がないので便利。

愛用の調理道具

調理道具は、使いやすさも見た目もどちらも大事。
お気に入りの道具を使うと、毎日の料理が楽しくなります♪

1 鍋

2 フライパン

3 耐熱ボウル

4 包丁＆まな板

5 トング

6 シリコン製ヘラ＆調理スプーン

7 おたま＆フライ返し

8 菜箸

9 泡立て器

10 キッチンバサミ

1 鍋……みそ汁を作るときに使うガラス鍋は見た目がかわいくてお気に入り。直径20cmの白い鍋は野菜や麺をゆでるときに使います。
2 フライパン……取っ手が取れるタイプで直径26cmと20cmを使用。白い色がかわいくて料理中の食材の色も分かりやすい◎
3 耐熱ボウル……レンチンできるのが便利◎ 食材と調味料を入れて混ぜ合わせればさっと副菜を作ることができる！
4 包丁＆まな板……三徳包丁とペティナイフを使用。まな板はアカシア製。切るときの音が好きです。
5 トング……食材をつかんで油切りや水切りができる穴あきトングと、細かい作業がしやすい小さなトングを使用。
6 シリコン製ヘラ＆調理スプーン……細かい部分までかき混ぜやすいヘラと、盛りつけまで使える調理スプーン。
7 おたま＆フライ返し……先がシリコン製になっているおたまとフライ返し。鍋やフライパンを傷つけにくい◎
8 菜箸……よく使う菜箸は竹製のもの。手になじんで、食材がつかみやすいです。
9 泡立て器……泡立てるだけでなく、食材を混ぜ合わせたり、卵を溶いたりするときに使います。
10 キッチンバサミ……食品のパックを開ける、お肉を切る、薬味を切るなどさまざまな用途で使用。

調理のコツ

ほんのちょっとの工夫で、料理の味がおいしくなったり、
手間が省けたりするコツをご紹介します。

火加減を強くしすぎない

火加減が強いと、外側がかたくなったり、中が生焼けになったりする原因に。きほんはフライパンの底に炎の先が当たるくらいの「中火」です。

調味料を入れる前に油をふきとる

フライパンや鍋に調味料を入れるときは、余分な油をふきとってから入れることで、調味料の味がしっかりとつきます。

調味料は混ぜ合わせておく

同じタイミングで入れる調味料はあらかじめ計量して混ぜ合わせておくと、慌てず作業できます。

下味に塩こしょうをふる

塩こしょうをふって下味をつけることで、臭みを抑えたりその後入れる調味料の味が入りやすくなったりする効果があります。

小麦粉や片栗粉をまぶす

お肉を焼くときは、小麦粉や片栗粉をまぶすことで肉汁を閉じ込め、やわらかな食感に仕上げます。調味料もよく絡みます。

キッチンバサミを使う

お肉を切ったり、薬味を切ったり、さまざまな場面で使えます。まな板を洗わなくていいので時短に。

本書での注意点

- 材料の表記は、大さじ1＝15ml、小さじ1＝5ml、1合＝180mlです。
- 電子レンジの加熱時間は600Wの場合の目安です。お使いの機種によって個体差がありますので様子を見ながら調整してください。500Wの電子レンジをご使用の場合、1.2倍の加熱時間を目安に加減してください。
- トースターの加熱時間は1000Wの場合の目安です。お使いの機種によって個体差がありますので様子を見ながら調整してください。
- 火加減は、とくに指定のない場合は「中火」で調理しています。
- 野菜を洗う、皮をむく、へたをとる、タネをとるなどの基本的な下ごしらえは一部省略しています。
- 本書で出てくる「パセリ」は乾燥パセリを使用しています。生のパセリを刻んでご使用いただいても問題ありません。
- 完成写真に添えられている野菜などは、彩りのためのものです。材料や工程・食材別さくいんに含まれない場合があります。

Part 1 人気献立
煮込みハンバーグ献立

「こんなふわふわなハンバーグはじめて！」とフォロワーさんから大人気のレシピ。副菜とスープは洋風で合わせました。

Menu

- 煮込みハンバーグ
- クリームチーズ入りにんじんラペ
- マカロニサラダ
- 玉ねぎとベーコンのコンソメスープ

煮込みハンバーグ

調理のポイントをおさえると、ジューシーに仕上がります。
お好みで1つをチーズのせにしても。

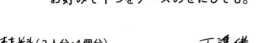

材料（2人分・4個分）

オリーブ油 ………… 適量

タネ
- 牛豚合いびき肉 …… 400g
- 玉ねぎ ………… 1/2個
- 卵 …………… 1個
- 牛乳 ………… 大さじ4
- パン粉 ………… 大さじ4
- ケチャップ ……… 大さじ2
- 塩こしょう ……… 適量
- ナツメグ ……… 適量（3振りくらい）

ソース
- 水 …………… 150ml
- 片栗粉 ………… 大さじ1
- ケチャップ ……… 大さじ5
- とんかつソース …… 大さじ3
- しょうゆ ……… 大さじ1
- バター ………… 5g（最後に入れる）

付け合わせ
- じゃがいも（ひと口大） …………… 1個分
- にんじん（小さめのひと口大） …………… 1/3本分
- ミニトマト ……… 2個
- フリルレタス …… 適量

トッピング
- パセリ ………… 適宜
- スライスチーズ …… 適宜

下準備

- 玉ねぎはみじん切りにして耐熱容器に入れ、ラップをして電子レンジで2分加熱。粗熱をしっかりとる（冷蔵庫に入れてもOK）。
- パン粉を牛乳に浸す。
- じゃがいもとにんじんは耐熱容器に入れてラップをし、電子レンジで3分加熱する。
- ソースの材料は混ぜ合わせる。

作り方

1 ボウルにタネの材料をすべて入れ、粘り気が出るまでよくこねる。

手のひらにオリーブ油を塗って成形するとタネが手にくっつきにくいよ

2 4等分し、空気を抜くようにたたきながら丸く成形する。

3 フライパンに油を熱し、中火〜強火で片面1〜2分ずつ両面を焼く。

4 ソースの材料とじゃがいも、にんじんを入れ、蓋をして弱火で10分煮込む。最後にバターを入れる。トマト、レタスと盛りつけ、トッピングをする。

Point
ハンバーグをやわらかくするコツ
① 玉ねぎのみじん切りを細かく！
② 玉ねぎの粗熱をしっかりとる
③ パン粉を牛乳に浸す

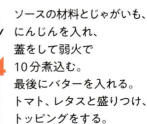

クリームチーズ入りにんじんラペ

材料(2人分)
- にんじん ……… 1/2本
- クリームチーズ …… 1個(18g)
- カンタン酢 ……… 大さじ4

作り方
1. にんじんはせん切りにし、カンタン酢に30分以上漬ける。
2. クリームチーズをちぎって混ぜる。

マカロニサラダ

材料(2人分)
- マカロニ ……… 80g
- きゅうり ……… 1本
- ハム ……… 4枚
- マヨネーズ ……… 大さじ4
- 塩 ……… 小さじ1/2

ゆでるとき
- 水 ……… 1000ml
- 塩 ……… 小さじ1

> ゆで卵やコーンを入れるのもおすすめ

作り方
1. 鍋に水を沸かし、塩(ゆでるとき用)を加えてマカロニを表記通りにゆで、水気を切る。
2. きゅうりは2mm幅の半月切りにして塩もみし、水気を切る。ハムは細切りにする。
3. ゆでたマカロニとすべての材料を混ぜ合わせる。

玉ねぎとベーコンのコンソメスープ

材料(2人分)
- 玉ねぎ ……… 1/2個
- ベーコン ……… ハーフサイズ2枚
- 水 ……… 400ml
- コンソメキューブ ……… 1個
- 塩 ……… 少々

トッピング
- パセリ ……… 適宜

作り方
1. 玉ねぎは薄切りに、ベーコンは細切りにする。
2. 鍋に水を沸かし、玉ねぎを煮る。やわらかくなったらベーコンとコンソメを入れる。
3. 塩で味を調え、器に盛ってパセリを散らす。

Part 1 人気献立

れんこんの
はさみ焼き献立

歯応えも楽しめるれんこんのはさみ焼きに、サッと作れる副菜を合わせました。
みそ汁にはバターでコクをプラスして、満足感をアップさせました。

Menu

- れんこんのはさみ焼き
- 厚揚げ明太チーズ
- ピーマンと卵のふんわり炒め
- じゃがバタコーンのみそ汁

れんこんのはさみ焼き

タネの中にもみじん切りれんこんを入れて食感のアクセントに。
しょうがが効いた甘辛いタレがごはんによく合います。

材料（2人分・6個分）

れんこん ………… 200g
片栗粉 …………… 大さじ2
サラダ油 ………… 大さじ3

タネ

豚ひき肉 ………… 300g
しょうがチューブ … 3cm
塩こしょう ……… 適量

調味料

しょうゆ ………… 大さじ1
みりん …………… 大さじ1
砂糖 ……………… 大さじ1
お酢 ……………… 大さじ1

付け合わせ

レタス …………… 適宜
ミニトマト ……… 適宜

下準備

- れんこんは5mm幅の輪切り（12枚）にする。
- 余ったれんこんはみじん切りにする。
- 調味料は混ぜ合わせる。

作り方

1 ボウルにタネの材料とれんこんのみじん切りを入れてよくこねる。

2 輪切りにしたれんこんの両面に片栗粉をまぶし、1のタネをはさんで形を整える。同じものを6個作る。

3 フライパンに油を熱し、2を両面揚げ焼きにする。焼き色がついたら余分な油をキッチンペーパーでふきとる。

4 調味料を入れ、蓋をして2分蒸し焼きにする。蓋を取り、タレが絡まるまで煮詰める。付け合わせとともに器に盛る。

Point

れんこんの両面に片栗粉をまぶすことで、焼いているときにはがれにくくなります。

厚揚げ明太チーズ

材料(作りやすい分量)

- 厚揚げ豆腐 ……… 1個(150g)
- 明太子 ……………… 20g
- ピザ用チーズ ……… 10g
- 小ねぎ(小口切り) …… 適宜

作り方

1. 厚揚げ豆腐を4等分に切る。
2. 明太子とチーズをのせ、トースターで2分焼く。小ねぎをのせる。

ピーマンと卵のふんわり炒め

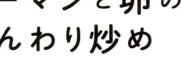

材料(2人分)

- ピーマン ………… 1個
- 卵 ………………… 1個
- 白だし …………… 小さじ2
- サラダ油 ………… 大さじ1

作り方

1. ピーマンは細切りにし、卵は白だしを入れて溶く。
2. フライパンに油を熱し、ピーマンを1〜2分炒める。
3. 強火にして卵を入れ、ふんわりと混ぜ合わせるように炒める。

じゃがバタコーンのみそ汁

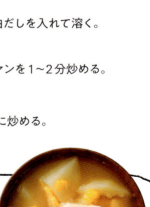

材料(2人分)

- じゃがいも(小さめのひと口大) ……………… 2個分
- とうもろこし ……… 1/2本
  (コーン缶1/2缶(固形量約60g)でもOK)
- 水 ………………… 300ml
- みそ ……………… 大さじ1
- 和風だしの素 …… 小さじ1
- バター …………… 10g(1人5g)

作り方

1. とうもろこしは皮を1枚残したまま、電子レンジで5分加熱する。皮をむいてまな板にタテに置き、包丁で実をそぎ落とす。
2. 鍋に水を入れて沸かし、じゃがいもを入れてゆでる。やわらかくなったら、とうもろこし、だしの素、みそを入れる。
3. 器に盛り、バターをのせる。

Part 1 人気献立

大葉とチーズの
ミルフィーユカツ献立

大葉とチーズが相性抜群のミルフィーユカツが主役の献立。
甘いさつまいもとさっぱりした和えもの。
アスパラとベーコンのみそ汁は1度食べるとハマる組み合わせ。

Menu

- 大葉とチーズのミルフィーユカツ
- さつまいもの塩バター焼き
- きゅうりとトマトのツナマヨ和え
- アスパラとベーコンのみそ汁

大葉とチーズの ミルフィーユカツ

くるくる巻いて揚げるだけなので簡単!
斜めにカットして盛りつけると、断面がキレイに見えます。

材料（2人分・4個分）

- 豚ロース薄切り肉‥12枚（約250g）
- 大葉‥‥‥‥‥‥‥4枚
- スライスチーズ‥‥4枚
- 塩こしょう‥‥‥‥少々

衣
- 卵‥‥‥‥‥‥‥‥1個
- 小麦粉‥‥‥‥‥‥適量
- パン粉‥‥‥‥‥‥適量

- 揚げ油‥‥‥‥‥‥適量

付け合わせ
- レタス‥‥‥‥‥‥適宜
- ミニトマト‥‥‥‥適宜

作り方

チーズがあふれ出ないように、豚肉の両端を折りたたんで巻く

1 豚肉を3枚、少し重なるように並べ、チーズと大葉をのせて巻く。これを4本作る。

2 塩こしょうをまぶし、小麦粉→溶き卵→パン粉の順につける。

3 パン粉はムラにならないよう、全体的につける。

4 フライパンに揚げ油を入れて熱し、170度で10分ほど揚げる。付け合わせとともに器に盛る。

Point
大葉とチーズを巻くときに、梅干しや明太子を入れるのもおすすめです。

さつまいもの塩バター焼き

材料（2人分）
- さつまいも ………… 1/2本（約120g）
- バター ……………… 10g
- 砂糖 ………………… 大さじ1
- 塩 …………………… 少々

作り方
1. さつまいもは1cm角の棒状に切り、10分以上水にさらす。水気を切り、耐熱容器に入れてラップをし、電子レンジで3分加熱する。
2. フライパンにバターを熱し、さつまいも、砂糖、塩を入れて焼き色をつけるように転がしながら焼く。

きゅうりとトマトのツナマヨ和え

材料（2人分）
- きゅうり …………… 1本
- ミニトマト ………… 5個
- ツナ缶 ……………… 1/2缶（45g）
- マヨネーズ ………… 大さじ1
- すりごま …………… 大さじ1
- 塩 …………………… 少々

作り方
1. きゅうりは2mm幅の輪切りにし、塩もみして水気を絞る。トマトは半分に切る。
2. ボウルにすべての材料を入れて混ぜ合わせる。

アスパラとベーコンのみそ汁

材料（2人分）
- アスパラガス ……… 4本
- ベーコン …………… ハーフサイズ 4枚
- 豆腐 ………………… 1パック（150g）
- 水 …………………… 300ml
- みそ ………………… 大さじ1
- 和風だしの素 ……… 小さじ1

作り方
1. アスパラは下のかたい部分の皮をピーラーでむき、斜め3等分に切る。ベーコンは細切りにする。
2. 鍋に水を入れて沸かし、アスパラ、ベーコン、だしの素を入れて3分ほど煮る。
3. みそを入れて溶き、2cm角に切った豆腐を入れて温める。

Part 1 人気献立

鶏と野菜の甘酢あん献立

野菜をたっぷり食べたい日におすすめの献立。
和風の副菜を合わせました♪

Menu
- 鶏と野菜の甘酢あん
- 明太じゃがバター
- スナップえんどうおかか和え
- 玉ねぎと油揚げのみそ汁

鶏と野菜の甘酢あん

ごろごろ野菜の食感も楽しめる甘酢あん。
素揚げと揚げ焼きが少ない油でできるので、気軽に作れます。

材料（2人分）

- 鶏もも肉 …………… 200g
- 玉ねぎ …………… 1/2個
- にんじん ………… 1/3本
- ピーマン ………… 1個
- なす ……………… 1本
- れんこん ………… 2cm（50g）
- 片栗粉 …………… 大さじ3
- 塩 ………………… 小さじ1/2
- 揚げ油 …………… 適量

調味料
- しょうゆ ………… 大さじ2
- お酢 ……………… 大さじ1と1/2
- 酒 ………………… 大さじ1
- みりん …………… 大さじ1
- 砂糖 ……………… 大さじ1

トッピング
- 白ごま …………… 適宜

下準備

- 野菜はすべて小さめのひと口大に切る。
- 鶏もも肉はひと口大に切り、塩をもみ込み、片栗粉をまぶす。

作り方

1 フライパンに底から1cmほどの揚げ油を入れて熱し、野菜を入れて素揚げする。
＊ピーマンとなすは1分、玉ねぎ、にんじん、れんこんは3〜4分

2 野菜に火が通ったら一度取り出し、同じフライパンで鶏肉を揚げ焼きにする。

3 鶏肉に火が通ったら、余分な油をキッチンペーパーでふきとり、1の野菜と調味料を入れる。

4 タレを絡めながら煮詰める。器に盛って白ごまを散らす。

Point

野菜は火が通ったら取り出し、後から入れることで鮮やかな色合いを保てます。

明太じゃがバター

材料（2人分）
- じゃがいも（中） …… 2個
- 明太子 ………… 30g
- バター ………… 10g
- 塩こしょう ……… 少々
- パセリ …………… 適宜

作り方
1. じゃがいもはひと口大に切り、水にさらして水気を切る。耐熱容器に入れてラップをし、電子レンジで3分加熱する。
2. じゃがいもを潰し、明太子、バター、塩こしょうを入れて混ぜ合わせる。パセリを散らす。

スナップえんどうおかか和え

材料（2人分）
- スナップえんどう … 10本
- かつお節 ………… 2g
- めんつゆ（4倍濃縮） ………… 小さじ1

ゆでるとき
- 水 ………… 1000ml
- 塩 ………… 小さじ1

作り方
1. スナップえんどうの筋をとる。鍋に水を沸かし、塩を加えて1分半ゆでる。
2. ザルに上げ、斜め半分に切ってかつお節とめんつゆで和える。

玉ねぎと油揚げのみそ汁

材料（2人分）
- 玉ねぎ ………… 1/2個
- 油揚げ ………… 1枚
- 水 ……………… 400ml
- みそ …………… 大さじ1と1/2
- 和風だしの素 …… 小さじ1
- 小ねぎ（小口切り） …… 適宜

作り方
1. 玉ねぎは薄切りにし、油揚げは1cm幅に切る。
2. 鍋に水を入れて沸かし、玉ねぎを煮る。やわらかくなったら油揚げ、だしの素を入れる。
3. みそを入れて溶き、器に盛って小ねぎをのせる。

献立にちょい足し
ミニトマト1個を半分に切って器に盛る。

Part 1 人気献立

カニクリームコロッケ献立

カニかまぼこで作る濃厚カニクリームコロッケ。
色合いのキレイな副菜を添えて、おうちで洋食屋さん気分を味わえます。

Menu

- カニクリームコロッケ
- サーモンとアボカドのクリチ和え
- トマトのマリネ
- 白菜とベーコンのミルクスープ

カニクリームコロッケ

お財布にやさしいカニクリームコロッケですが、味は本格的。
外はサクッと、中はとろ〜り濃厚でおいしいです。

材料（2人分・6個分）

タネ
- 玉ねぎ …………… 1/2個
- カニかまぼこ …… 6〜7本（約50g）
- バター …………… 40g
- 小麦粉 …………… 大さじ4
- 塩こしょう ……… 少々
- 牛乳 ……………… 180ml

衣
- 水 ………………… 大さじ3
- 小麦粉 …………… 大さじ3
- パン粉 …………… 適量

- 揚げ油 …………… 適量

ソース
- ケチャップ ……… 50ml
- 生クリーム ……… 50ml

トッピング
- パセリ …………… 適宜

付け合わせ
- レタス …………… 適宜

下準備

- 玉ねぎはみじん切りにする。
- カニかまぼこはほぐす（フォークを使ってほぐすと簡単！）。

作り方

1 フライパンにバターを熱し、玉ねぎがしんなりするまで炒める。カニかまぼこ、塩こしょう、小麦粉（タネ用）を入れ、粉っぽさがなくなるまで炒めたら牛乳を加える。

2 水分がなくなるまで混ぜながら炒め、ひとまとまりにしたら、バットに広げる。冷蔵庫に入れて粗熱をとる。

3 水と小麦粉（衣用）を混ぜて水溶き小麦粉を作る。2を6等分して楕円形に成形し、水溶き小麦粉→パン粉の順でつける。

（パン粉をつけたあとにもう一度ぎゅっと楕円形に整える）

4 フライパンに揚げ油を入れて熱し、きつね色になるまで揚げる。別鍋でソースを煮詰め、器に盛ったあとにかける。トッピングし、付け合わせを添える。

Point
ソースはケチャップと生クリームを煮詰めたものがおすすめ！

サーモンとアボカドのクリチ和え

材料(2人分)
- スモークサーモン …… 70g
- アボカド …… 1個
- クリームチーズ …… 1個(18g)
- オリーブ油 …… 小さじ2
- レモン汁 …… 小さじ2
- 塩 …… 少々

作り方
1. サーモン、アボカドは2cm角、クリームチーズは1cm角に切る。
2. ボウルにすべての材料を入れて混ぜ合わせる。

トマトのマリネ

材料(作りやすい分量)
- ミニトマト …… 10個
- オリーブ油 …… 大さじ1
- 砂糖 …… 大さじ1
- レモン汁 …… 小さじ1

作り方
1. トマトを半分に切る。
2. ボウルにすべての材料を入れて混ぜ合わせる。

白菜とベーコンのミルクスープ

材料(2人分)
- 玉ねぎ …… 1/2個
- 白菜 …… 2枚(1/4玉サイズ)
- ベーコン …… ハーフサイズ4枚
- しめじ …… 1/3パック(約30g)
- 水 …… 300ml
- 牛乳 …… 100ml
- コンソメキューブ …… 1個
- 塩 …… 適宜

作り方
1. 玉ねぎは薄切り、白菜はザク切り、ベーコンは細切りにする。しめじはほぐす。
2. 鍋に水を入れて沸かし、玉ねぎを煮る。やわらかくなったら白菜、ベーコン、しめじ、コンソメを入れる。
3. 牛乳を入れ、ひと煮立ちしたらお好みで塩を加えて味を調える。

Part 1 人気献立

厚揚げ豆腐の肉巻き献立

リピーター続出の大人気レシピが主役のほっこり献立。
メインがボリューム満点なので、副菜の1つは枝豆にしてバランスよく。

Menu
- 厚揚げ豆腐の肉巻き
- にんじんときゅうりの卵サラダ
- 枝豆
- 玉ねぎとじゃがいものみそ汁

厚揚げ豆腐の肉巻き

外はカリッと香ばしく、中はふわふわの食感。
にんにくが利いたタレが食欲をそそります。

材料（2人分・8個分）

厚揚げ豆腐 ……… 2個
　　　　　　　　（1個150g）
豚バラ薄切り肉 …… 8枚（約250g）
塩こしょう ………… 少々
小麦粉 …………… 適量
サラダ油 ………… 大さじ1

調味料

しょうゆ ………… 大さじ2
酒 ………………… 大さじ1
みりん …………… 大さじ1
砂糖 ……………… 大さじ1
にんにくチューブ … 4cm

トッピング

白ごま …………… 適宜

付け合わせ

レタス …………… 適宜

作り方

1 厚揚げ豆腐1個を4等分にし、8個に切る。

2 厚揚げ豆腐を豚肉で巻く。塩こしょうをまぶし、さらに小麦粉をまぶす。

3 フライパンに油を熱し、転がしながらすべての面に焼き色をつける。

4 余分な油をキッチンペーパーでふきとり、調味料を入れて煮詰め、タレを絡ませる。器に盛り、白ごまをふり付け合わせを添える。

Point

豚肉は、厚揚げ豆腐の全面に巻くとボリュームが出ます。
半分巻くだけでもOK◎

にんじんときゅうりの卵サラダ

材料(2人分)

- にんじん ………… 1/2本
- きゅうり ………… 1本
- 卵 ………………… 1個
- マヨネーズ ……… 大さじ2

作り方

1. きゅうりは2mm幅の輪切りにし、塩(分量外)でもんで水気を絞る。
2. にんじんは1cm厚さの半月切りにし、耐熱容器に入れ、ふんわりラップをして電子レンジで3分加熱する。卵を割り入れて軽く溶き、再度ラップをして電子レンジで2分加熱。
3. にんじんを軽くつぶしながら混ぜる。マヨネーズと1のきゅうりを加えて混ぜ合わせる。

枝豆

材料(2人分)

- 枝豆(冷凍) ………… お好みの分量

\\ Point //
副菜を作る気力がないときにおすすめの1品。

作り方

1. 耐熱容器に枝豆を入れ、ふんわりラップをして電子レンジで2分加熱する。
   *加熱時間は分量によって調整してください

玉ねぎとじゃがいものみそ汁

材料(2人分)

- 玉ねぎ …………… 1/2個
- じゃがいも ……… 1個
- 水 ………………… 400ml
- みそ ……………… 大さじ1と1/2
- 和風だしの素 …… 小さじ1

トッピング

- 小ねぎ(小口切り) …… 適宜

作り方

1. 玉ねぎは薄切りに、じゃがいもは小さめのひと口大に切る。
2. 鍋に水を入れて沸かし、玉ねぎとじゃがいもを煮る。やわらかくなったらだしの素を入れ、みそを溶く。器に盛って小ねぎをのせる。

献立にちょい足し
ミニトマト1個を半分に切って器に盛る。

Part 1 人気献立

鮭フライタルタル献立

鮭フライに、たっぷりのタルタルをのせて魚をおいしく食べられる献立。
わかめごはん（P58参照）を合わせました。
副菜の野菜の素揚げのあとに鮭フライを揚げると効率よく油が使えます◎

Menu
- 鮭フライタルタル
- ピーマンとツナのナムル
- れんこんとさつまいもの甘じょっぱ炒め
- さつまいも入り豚汁

鮭フライタルタル

サクッと香ばしく揚げた鮭フライ。面倒なイメージの
タルタルソースも、ゆで卵を作らずにレンジだけで完成。
たっぷり添えて召し上がれ。

材料（2人分・4個分）

- 鮭……………… 2切れ
- 水……………… 大さじ4
- 小麦粉………… 大さじ4
- パン粉………… 適量
- 揚げ油………… 適量

タルタルソース
- 玉ねぎ………… 1/4個
- 卵……………… 2個
- マヨネーズ…… 大さじ2
- お酢…………… 大さじ1
- ケチャップ…… 大さじ1/2

トッピング
- パセリ………… 適宜

付け合わせ
- レタス………… 適宜
- ミニトマト…… 適宜

下準備
- 玉ねぎをみじん切りにする。
- 鮭は水気をふきとり、半分に切る。

作り方

1 タルタルソースを作る。玉ねぎと卵を耐熱ボウルに入れ、卵を溶きながら混ぜ、ラップをして電子レンジで2分加熱する。マヨネーズ、お酢、ケチャップを入れて混ぜる。

2 水と小麦粉を混ぜて水溶き小麦粉を作る。鮭に水溶き小麦粉→パン粉の順でつける。

3 フライパンに底から1cmほどの油を入れて熱し、170度で10分ほど揚げる。付け合わせとともに器に盛り、タルタルソースとパセリをかける。

Point
生鮭を使う場合は調理前に塩をまぶしてください！
塩をまぶしたあとに水気をふきとると魚の臭みがとれます◎

ピーマンとツナのナムル

材料（作りやすい分量）

- ピーマン ………… 5個
- ツナ缶 …………… 1缶（90g）
- 鶏ガラスープの素 ‥ 小さじ1
- ごま油 …………… 小さじ1

作り方

1. ピーマンは種を取り、1cm幅に切る。
2. 耐熱ボウルにすべての材料を入れる。ラップをし、電子レンジで2分加熱して混ぜ合わせる。

れんこんとさつまいもの甘じょっぱ炒め

材料（2人分）

- れんこん ………… 100g（約4cm）
- さつまいも ……… 1/2本（120g）
- 揚げ油 …………… 適量

調味料

- 砂糖 ……………… 大さじ2
- みりん …………… 大さじ1
- しょうゆ ………… 小さじ1
- 粒マスタード …… 小さじ1

作り方

1. さつまいもは2cmの角切り、れんこんは5mm厚さのいちょう切りにする。フライパンに底から1cmほどの油を入れて熱し、さつまいもとれんこんを素揚げする。
2. 別のフライパンに調味料を入れ、1を入れてタレを絡めながら炒める。

> 揚げる前にキッチンペーパーで水気をふきとって

さつまいも入り豚汁

材料（2人分）

- 豚こま切れ肉 …… 80g
- 玉ねぎ …………… 1/2個
- にんじん ………… 1/2本
- 大根 ……………… 5cm（1/8本）
- さつまいも ……… 1/4本
- こんにゃく（あく抜き済み） …………… 100g
- 水 ………………… 800ml
- みそ ……………… 大さじ3〜4
- 和風だしの素 …… 大さじ1/2
- 小ねぎ（小口切り）…… 適宜

作り方

1. 玉ねぎは薄切り、にんじんと大根は3mm幅のいちょう切り、さつまいもは5mm幅のいちょう切りにする。こんにゃくは手で食べやすい大きさにちぎり、ぬるま湯で洗う。
2. 鍋に水を入れて沸かし、玉ねぎ、にんじん、大根を20分ほど煮る。
3. さつまいも、こんにゃく、豚肉、だしの素を加え、さらに10分ほど煮る。最後にみそを溶き入れ、器に盛って小ねぎをのせる。

Part 2 定番献立

唐揚げ献立

唐揚げにポテトサラダ……大好きなメニューを詰め込んだ献立です！
副菜ののり塩れんこんを揚げたあとに唐揚げを揚げると、効率よく油が使えます◎

Menu
- 唐揚げ
- ポテトサラダ
- のり塩れんこん
- 油揚げとなめこのみそ汁

唐揚げ

小麦粉と片栗粉を両方使ってカラッと二度揚げ。
下味に白だしを使うことで、旨みとコクがしみ込みます！

材料（2人分・12個分）

鶏もも肉	350g
小麦粉	大さじ3
片栗粉	大さじ3
白だし	大さじ2
しょうゆ	大さじ1
揚げ油	適量

付け合わせ

レタス	適宜
ミニトマト	適宜
レモン	適宜

下準備

- 鶏肉はひと口大（12個目安）に切る。

作り方

1 ポリ袋に鶏肉と白だし、しょうゆを入れてよくもみ込み、30分以上漬けておく。

2 鶏肉に小麦粉をまぶし、次に片栗粉をまぶす。

油に菜箸を入れてみて、気泡が出たら揚げ始めてOK！

3 フライパンに揚げ油を底から2cmほど入れて熱し、弱火～中火で鶏肉に火が通るよう揚げる。

4 一度油から取り出し、強火にしてカラッと二度揚げする。付け合わせと一緒に器に盛る。

Point

揚げているときに唐揚げを持ち上げてみて、じーんと振動を感じたら火が通っている証拠です◎

ポテトサラダ

材料（作りやすい分量）

- じゃがいも（男爵）・・・・3個
- にんじん・・・・・・・・・1/2本
- きゅうり・・・・・・・・・1本
- ベーコン・・・・・・・・・ハーフサイズ 4枚

調味料
- マヨネーズ・・・・・・・・大さじ5
- 塩・・・・・・・・・・・・少々

作り方

1. じゃがいもはひと口大に、にんじんは2mm厚さのいちょう切りにする。きゅうりは2mm厚さの半月切りにして塩少々（分量外）をもみ込み、10分ほど放置し、水分をふきとる。
2. ベーコンは細切りにして電子レンジで2分加熱。
3. 鍋に水（分量外）を入れて沸かし、1のじゃがいもとにんじんをゆで、先ににんじんに火が通るのでとり出す。
4. じゃがいもに火が通ったらボウルに入れてつぶし、1のきゅうり、2、3のにんじん、調味料を入れて混ぜ合わせる。

のり塩れんこん

材料（2人分）

- れんこん・・・・・・・・80g
- 揚げ油・・・・・・・・・適量
- 青のり・・・・・・・・・小さじ2
- 塩・・・・・・・・・・・少々

＊唐揚げの前に作るのがおすすめ

作り方

1. れんこんを5mm厚さの半月切りにする。
2. 油で揚げ、きつね色になったら取り出し、青のりと塩をまぶす。

油揚げと なめこのみそ汁

材料（2人分）

- 油揚げ・・・・・・・・・1〜2枚
- なめこ・・・・・・・・・1パック
- 水・・・・・・・・・・・300ml
- みそ・・・・・・・・・・大さじ1と1/2
- 和風だしの素・・・・・・小さじ1

作り方

1. 油揚げは1cm幅に切る。なめこは水でさっと洗う。
2. 鍋に水を入れて沸かし、油揚げ、なめこ、だしの素を入れる。
3. ひと煮立ちしたら火を止めてみそを溶く。

Part **2** 定番献立

和風ハンバーグ献立

ボリューム満点のふっくらハンバーグを引き立てる和風の献立。
れんこんやスナップえんどうなど、食感も楽しめる副菜・汁物が魅力です!

Menu
- 和風ハンバーグ
- 明太れんこん焼き
- スナップえんどうとゆで卵のマヨ和え
- れんこん入り豚汁

和風ハンバーグ

ポン酢ソースとおろしでさっぱり。
タネは成形したあと冷蔵庫で寝かせると、
肉汁たっぷり、ジューシーなハンバーグになります。

材料（2人分・2個分）

タネ
- 牛豚合いびき肉……250g
- 玉ねぎ……1/4個
- 卵……1個
- 牛乳……大さじ2
- パン粉……大さじ2
- みそ……大さじ1
- 塩こしょう……適量
- ナツメグ……適量（3振りくらい）

焼くとき
- 水……大さじ3
- 酒……大さじ3
- オリーブ油……適量

ソース
- 水……大さじ3
- しょうゆ……大さじ1
- みりん……大さじ1
- ポン酢しょうゆ……大さじ1
- 砂糖……大さじ1/2

トッピング
- 大葉……2枚
- 大根おろし……適量

下準備

- 玉ねぎはみじん切りにして耐熱容器に入れ、ラップをして電子レンジで2分加熱し、粗熱をとる。
- パン粉を牛乳に浸す。

作り方

手のひらにオリーブ油を塗って成形するとタネが手にくっつきにくいよ

1 ボウルにタネの材料をすべて入れ、粘り気が出るまでよくこねる。

2 2等分して空気を抜くように表面を叩きながら丸く成形し、冷蔵庫で30分寝かせる。

3 フライパンに油を熱し、中火～強火で1、2分ずつ両面を焼く。水と酒を入れて蓋をし、弱火で8分蒸し焼きにする。

4 蓋を開けてソースの材料を入れて煮詰め、器に盛って大葉と大根おろしをのせる。

Point
和風ハンバーグの隠し味はみそ！

明太れんこん焼き

材料(2人分)
- れんこん ………… 100g
- 明太子 ………… 50g~60g
- 片栗粉 ………… 適量
- サラダ油 ………… 大さじ3

作り方
1. れんこんは1cm幅の輪切りにし、酢水(分量外)にさらして水気をふく。
2. れんこんの穴に明太子を詰めて両面に片栗粉をまぶす。
3. フライパンに油を熱し、片面2分ずつ焼く。

スナップえんどうとゆで卵のマヨ和え

材料(2人分)
- スナップえんどう … 10本
- 卵 ………… 1個

ゆでるとき
- 水 ………… 1000ml
- 塩 ………… 小さじ1

調味料
- マヨネーズ ………… 大さじ1
- 塩 ………… 少々

作り方
1. スナップえんどうの筋をとり、鍋に水を沸かして塩を入れて1分半ゆでる。ゆで卵を作る(沸騰後8分ゆでがおすすめ)。
2. 1のスナップえんどうは斜め半分に切り、ゆで卵は8等分する。
3. ボウルに2と調味料を入れて混ぜ合わせる。

れんこん入り豚汁

材料(2人分)
- 豚バラ薄切り肉 ……… 80g
- 玉ねぎ ………… 1個
- にんじん ………… 1/2本
- 大根 ………… 1/8本
- れんこん ………… 80g
- こんにゃく(あく抜き済み) ………… 100g
- 水 ………… 800ml
- ごま油 ………… 大さじ1
- みそ ………… 大さじ3
- 和風だしの素 ……… 大さじ1
- 小ねぎ(小口切り) …… 適宜

作り方
1. 玉ねぎは薄切り、にんじん、大根、れんこんは5mm厚さのいちょう切りにする。豚肉は食べやすい大きさに切る。こんにゃくは手で食べやすい大きさにちぎり、ぬるま湯で洗う。
2. 鍋に油を熱し、1をすべて入れて炒め、豚肉に火が通ったら水とだしの素を入れる。
3. 野菜がやわらかくなるまで煮たら、最後にみそを溶く。器に盛って小ねぎをのせる。

※「さつまいもごはん」のレシピは58ページへ

Part **2** 定番献立

ほっこり肉じゃが献立

ときどき食べたくなるのが、どこか懐かしい家庭料理の定番献立。
肉じゃがに卵焼き、いんげんのごま和え……心にしみるおいしさです。

Menu

- ほっこり肉じゃが
- 卵焼き
- いんげんのごま和え
- 玉ねぎと豆腐のみそ汁

ほっこり肉じゃが

旨みたっぷりの牛肉を使用していますが、豚肉でもOK。
具材をしっかり炒めることで
野菜の甘味が出ておいしくなります！

材料（2人分）

牛バラ薄切り肉 …… 150g
じゃがいも ………… 3〜4個
にんじん …………… 1本
玉ねぎ ……………… 1個
白滝 ………………… 100g
水 …………………… 200ml
塩 …………………… 少々
サラダ油 …………… 大さじ1

調味料

みりん ……………… 大さじ2
しょうゆ …………… 大さじ2
酒 …………………… 大さじ1
白だし ……………… 大さじ1
砂糖 ………………… 大さじ1

下準備

- じゃがいもはひと口大、にんじんは小さめの乱切り、玉ねぎは薄切りにする。
- 白滝はぬるま湯で洗って食べやすい長さにハサミで切る。
- 牛肉は大きければ食べやすく切る。

作り方

1 フライパンに油を熱し、牛肉、じゃがいも、にんじん、玉ねぎを入れ中火で5分炒める。

ときどきかき混ぜてね

2 白滝と水、調味料を入れ混ぜ合わせ、落とし蓋をして弱火で20分煮る。

3 20分経ったら塩を入れて味を調える。

Point

牛肉の代わりに豚肉を使ってもOK。
豚こま切れ肉の場合はかたくなりやすいため、
最初に塩もみし、**3**で20分煮たあとに
追加で5分煮たら完成。

卵焼き

材料（2人分）

- 卵 ………………… 2個
- 白だし ……………… 小さじ2
- マヨネーズ ………… 小さじ1
- サラダ油 …………… 大さじ1

付け合わせ
- 大葉 ………………… 2枚

作り方

1. ボウルに卵、白だし、マヨネーズを入れて泡立て器で混ぜる。
2. フライパンに油を熱し、1を少量入れて薄く広げて焼き、端から巻いていく。これをくり返して形を作っていく。
3. 付け合わせとともに器に盛る。

弱火〜中火でじっくり焼くとキレイな黄色に焼けるよ◎

いんげんのごま和え

材料（2人分）

- いんげん ………… 15本（100g）
- すりごま ………… 大さじ2
- めんつゆ（4倍濃縮）‥ 大さじ1

作り方

1. いんげんは筋をとって3等分に切り、耐熱容器に入れてラップをし、電子レンジで2分加熱する。
2. すりごまとめんつゆを入れて混ぜ合わせる。

玉ねぎと豆腐のみそ汁

材料（2人分）

- 玉ねぎ ……………… 1/2個
- 豆腐 ………………… 1パック（150g）
- 水 …………………… 350ml
- みそ ………………… 大さじ1と1/2
- 和風だしの素 ……… 小さじ1

トッピング
- 小ねぎ（小口切り）…… 適宜

作り方

1. 玉ねぎは薄切りにする。鍋に水を入れて沸かし、だしの素を入れて玉ねぎを煮る。
2. 玉ねぎがやわらかくなったら、みそを入れて溶く。2cm角に切った豆腐を入れて混ぜ、温める。器に盛って小ねぎをのせる。

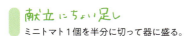
献立にちょい足し
ミニトマト1個を半分に切って器に盛る。

Part 2 定番献立

麻婆豆腐献立

元気がほしいときにおすすめのピリ辛中華献立。
麻婆豆腐は辛さ控えめなので豆板醤の量でお好みに。
副菜のえびチリも、むきえびを使えば意外と簡単に作れます。

わかめと卵の中華スープ

材料(2人分)
- 卵 ………………… 1個
- 乾燥わかめ ……… 小さじ2
- 水 ………………… 300ml
- 鶏ガラスープの素
  ………………… 小さじ2

作り方
1. 卵は溶いておく。
2. 鍋に水を入れて沸かし、鶏ガラスープの素とわかめを入れる。ひと煮立ちしたら卵をゆっくりとまわし入れる。

麻婆豆腐

材料(2人分)

- 牛豚合いびき肉 ⋯⋯ 200g
- 絹豆腐 ⋯⋯⋯⋯ 2パック(150g×2)
- にんにくチューブ ⋯ 3cm
- しょうがチューブ ⋯ 3cm
- ごま油 ⋯⋯⋯⋯⋯ 小さじ1

ソース
- 水 ⋯⋯⋯⋯⋯⋯ 200ml
- 酒、しょうゆ、砂糖 ⋯ 各大さじ1
- 鶏ガラスープの素、とんかつソース、豆板醤、コチュジャン ⋯⋯ 各小さじ1

水溶き片栗粉
- 水 ⋯⋯⋯⋯⋯⋯ 大さじ2
- 片栗粉 ⋯⋯⋯⋯ 大さじ1
*混ぜ合わせておく

トッピング
- 小ねぎ(小口切り) ⋯⋯ 適宜

作り方

1. フライパンに油を熱し、ひき肉、にんにくチューブ、しょうがチューブを入れて炒める。
2. ひき肉に火が通ったらソースの材料を入れて煮詰め、豆腐を入れる。豆腐をひと口大に崩しながら混ぜ合わせる。
3. 水溶き片栗粉をゆっくり流し入れてとろみをつける。器に盛って小ねぎをのせる。

春雨サラダ

材料(2人分)

- 春雨(乾燥) ⋯⋯⋯ 40g
- きゅうり(細切り) ⋯⋯ 1本分
- ハム(細切り) ⋯⋯⋯ 4枚分
- 白ごま ⋯⋯⋯⋯ 適量

調味料
- ごま油、しょうゆ、お酢 ⋯⋯⋯⋯ 各大さじ1
- 砂糖 ⋯⋯⋯⋯⋯ 大さじ1/2
- 鶏ガラスープの素 ⋯ 小さじ1

作り方

1. 春雨は表記通りにゆで、水気を切る。
2. ボウルにきゅうり、ハム、白ごま、調味料を入れて混ぜ合わせる。春雨を入れてさらに混ぜ合わせる。

\ Point /
春雨は調味料を吸いやすいので先に具材を絡ませてから入れる!

えびチリ

材料(2人分)

- むきえび ⋯⋯⋯⋯ 10尾
- 酒 ⋯⋯⋯⋯⋯ 大さじ1
- 片栗粉 ⋯⋯⋯⋯ 大さじ2
- 長ねぎ ⋯⋯⋯⋯ 4cm
- ごま油 ⋯⋯⋯⋯ 大さじ1

調味料
- ケチャップ ⋯⋯⋯ 大さじ3
- 豆板醤 ⋯⋯⋯⋯ 小さじ1
- にんにくチューブ ⋯ 3cm
- 鶏ガラスープの素 ⋯ 小さじ1/2
- 塩こしょう ⋯⋯⋯ 少々

作り方

1. えびは背わたをとり、ボウルに水(500ml・分量外)と酒を入れて洗って水気をとり、片栗粉をまぶす。長ねぎはみじん切りにする。
2. フライパンに油を熱し、1のえびと長ねぎを炒める。えびの色が変わったら調味料を入れてとろみがつくまで煮詰める。

献立にちょい足し
ミニトマト1個を半分に切って器に盛る。

Part 2 定番献立

筑前煮献立

お肉も野菜もとれる筑前煮は、具材をしっかり炒めることでコクがアップ◎
カボチャや長いもなど、副菜も野菜たっぷりで栄養満点です！

油揚げとわかめのみそ汁

材料(2人分)

- 油揚げ …………… 1〜2枚
- 乾燥わかめ ……… 大さじ1
- 水 ………………… 300ml
- みそ ……………… 大さじ1と1/2
- 和風だしの素 …… 小さじ1

作り方

1. 油揚げを1cm幅に切る。
2. 鍋に水を入れて沸かし、油揚げ、わかめ、だしの素を入れる。
3. ひと煮立ちしたら火を止めてみそを溶く。

筑前煮

材料（4人分）

- 鶏もも肉（ひと口大）……… 250g
  （酒大さじ1、塩小さじ1/2で下味をつける）
- さといも（冷凍）……… 150g
- れんこん……… 150g
- にんじん……… 1/2本
- ごぼう……… 1/2本
- しいたけ……… 2個
- こんにゃく……… 100g
- ごま油……… 大さじ1

調味料

A
- 水……… 300ml
- 和風だしの素……… 小さじ2
- 砂糖……… 大さじ2

B
- みりん……… 大さじ2
- しょうゆ……… 大さじ2

トッピング

- 小ねぎ……… 適宜

Point
調味料を2回に分けて入れることで味が染み込みやすくなる！

作り方

1. れんこんは7mm厚さの半月切り（大きければいちょう切り）、にんじんは小さめの乱切り、しいたけは薄切りにする。ごぼうは笹がきにして水にさらし、水気をきる。こんにゃくはぬるま湯で洗って、手でひと口大にちぎる。

2. フライパンに油を熱し、鶏肉を2分炒め、1の具材、さといもを入れてさらに5分炒める。

3. Aを加え、落とし蓋をして弱火で12分煮たら、Bを加えてさらに8分煮る。

4. 火を止めて10分ほど放置し、器に盛って小ねぎをのせる。

途中で何度か混ぜ合わせる

カボチャサラダ

材料（2人分）

- カボチャ……… 200g
- クリームチーズ……… 2個（18g×2）
- パセリ……… 適宜

調味料

- ヨーグルト……… 小さじ1
- マヨネーズ……… 大さじ2
- 塩……… 少々

作り方

1. カボチャはタネをとり、ひと口大に切る（皮も所々むく）。

2. 耐熱容器にカボチャを入れてラップをし、電子レンジで5分加熱。フォークでつぶして調味料を加えて混ぜる。

3. クリームチーズを小さくちぎって入れ、さっと混ぜ合わせる。器に盛ってパセリを散らす。

長いもおかか和え

材料（2人分）

- 長いも……… 100g
- かつお節……… 2g
- めんつゆ（4倍濃縮）……… 大さじ1

作り方

1. 長いもは皮をむいて4cm長さの拍子木切りにする。

2. かつお節とめんつゆで和える。

column 1 ごはん カタログ

▍さつまいもごはん

材料（2合分）
- お米 …………… 2合
- さつまいも ……… 200g
- 白だし ………… 大さじ2
- 塩 …………… ふたつまみ

トッピング
- 黒ごま ………… 適宜

作り方

1. さつまいもは1cm角に切って10分ほど水（分量外）にさらし、水気をきる。お米はよく洗って炊飯釜に入れ、白だしを入れ、2合の目もりまで水（分量外）を入れる。さつまいも、塩を入れ、通常通り炊飯。

2. 炊き終わったらよく混ぜ、お好みで黒ごまを散らす。

▍中華風おこわ

材料（2合分）
- お米 …………… 2合
- 切り餅 ………… 2個

具材
- 豚こま切れ肉 ……… 150g
- にんじん（せん切り）… 1/2本分
- しめじ（ほぐす）…… 1/2パック分
- 油揚げ（小さく切る）… 2枚分
- かつお節 ………… 2g

調味料
- みりん ………… 大さじ2
- しょうゆ ……… 大さじ1
- 酒 …………… 大さじ1
- オイスターソース … 大さじ1
- 塩 …………… 少々

トッピング
- 小ねぎ（小口切り）… 適宜

作り方

1. 具材をフライパンで炒め、調味料を入れてさらに炒めて汁気を飛ばす。切り餅は1cm角に切る。

2. お米はよく洗って炊飯釜に入れ、2合の目もりまで水（分量外）を入れ、1を入れて通常通り炊飯。炊き終わったらよく混ぜる。お好みで小ねぎをのせる。

▍わかめごはん

材料（2人分）
- ごはん ………… お茶碗2杯分
- 乾燥わかめ ……… 大さじ1
- 白だし ………… 小さじ1
- しょうゆ ……… 小さじ1
- 塩 …………… ふたつまみ
- 白ごま ………… 大さじ1

作り方

1. わかめは水（分量外）で戻して細かく刻み、ボウルに入れて白だしとしょうゆを混ぜ合わせる。

2. 1にごはん、塩、白ごまを入れて混ぜ合わせる。

炊き込むより、炊いたごはんに混ぜたほうがわかめの食感が味わえる◎

とうもろこしごはん

材料（2合分）

- お米 …………… 2合
- とうもろこし …… 1本
- 酒 ……………… 大さじ1
- 塩 ……………… 小さじ1

トッピング

- バター ………… 適宜

作り方

1. とうもろこしを半分に切り、タテに置いて包丁で実をそぎ落とす。お米はよく洗って炊飯釜に入れ、2合の目もりまで水（分量外）を入れ、とうもろこしと酒、塩を入れて通常通り炊飯する。
   *とうもろこしの芯も入れる
2. 炊き終わったら芯を取り出して混ぜ合わせる。お好みでバターをのせる。

鮭と大葉の混ぜごはん

材料（2合分）

- お米 …………… 2合
- 鮭（骨抜き） …… 2切れ
- しめじ（ほぐす） … 1/2パック分

調味料

- 酒 ……………… 大さじ1
- しょうゆ ……… 大さじ1
- 和風だしの素 … 小さじ1

トッピング

- 大葉（細切り） … 適宜

作り方

1. お米はよく洗って炊飯釜に入れ、調味料を入れ、炊飯釜の2合の目もりまで水（分量外）を入れる。鮭、しめじを加えて通常通り炊飯。
2. 炊き終わったらよく混ぜて、お好みで大葉をのせる。

ツナとまいたけの炊き込みごはん

材料（1合分）

- お米 …………… 1合
- ツナ缶 ………… 1缶（90g）
- まいたけ（ほぐす） … 1/2パック分
- 白だし ………… 大さじ2
- しょうがチューブ … 4cm

トッピング

- 刻みのり ……… 適宜

作り方

1. お米はよく洗って炊飯釜に入れ、白だしを入れ、炊飯釜の1合の目もりまで水（分量外）を入れる。
2. ツナ缶とほぐしたまいたけ、しょうがを入れて通常通り炊飯。炊き終わったらよく混ぜ、お好みでのりをのせる。

Part 3 節約献立

とんぺい焼き献立

お財布にやさしく、ボリュームたっぷりのとんぺい焼きがメイン。
こってり味のマヨ&ソースがかかるので、副菜と汁物はシンプルにしました。

Menu
- とんぺい焼き
- ちくわとアスパラのバターポン酢和え
- 韓国のりトマト
- 豆腐としめじのみそ汁

とんぺい焼き

キャベツともやしが
たっぷり食べられるとんぺい焼きは、ごはんにも合う!
豚肉に下味をしっかりつけるのがおいしさのポイント。

材料(2人分・2個分)

中身
豚こま切れ肉 …… 150g
キャベツ …… 150g
もやし …… 1袋
サラダ油 …… 大さじ1

A
| 鶏ガラスープの素
| …… 小さじ1
| 塩こしょう …… 適量

薄焼き卵
卵 …… 4個
塩 …… ふたつまみ
サラダ油 …… 大さじ1

トッピング
とんかつソース …… 適宜
マヨネーズ …… 適宜
小ねぎ …… 適宜

下準備
- キャベツはざく切りにしておく。
- トッピングの小ねぎは小口切りにしておく。

作り方

1 フライパンに油を熱し、豚肉にAをまぶして炒める。豚肉に半分ほど火が通ったら、キャベツ、もやしを入れてキャベツがしんなりするまで炒める。

2 ボウルに卵を溶いて塩を入れ、別のフライパンに油の半量を熱し、卵液の半量を流し入れて薄焼き卵を作る。

3 1の半量をのせて包む。

4 器に盛り、トッピングをする。もう1個を同様に作る。

Point
もやしに塩こしょうをふると水分が出て水っぽくなるので、豚肉に塩こしょうをします。

ちくわとアスパラのバターポン酢和え

材料(作りやすい分量)

- ちくわ ………… 5本
- アスパラガス …… 4〜5本

調味料

- バター ………… 10g
- ポン酢しょうゆ …… 大さじ2

作り方

1. アスパラは下のかたい部分の皮をピーラーでむき、斜め3等分に切る。ちくわは斜めにひと口大に切る。
2. 耐熱容器に**1**と調味料を入れてラップをし、電子レンジで2分加熱。全体を混ぜ合わせる。

韓国のりトマト

材料(2人分)

- トマト ………… 1個
- 韓国のり ………… 4枚

調味料

- ごま油 ………… 小さじ1
- めんつゆ(4倍濃縮) ‥ 小さじ1
- すりごま ………… 小さじ1

作り方

1. トマトをひと口大に切る。
2. ボウルに調味料を入れて混ぜ合わせ、トマトとちぎった韓国のりを混ぜ合わせる。

豆腐としめじのみそ汁

材料(2人分)

- 豆腐 ………… 1パック(150g)
- しめじ ………… 1/2パック
- 水 ………… 300ml
- みそ ………… 大さじ1と1/2
- 和風だしの素 …… 小さじ1

作り方

1. 鍋に水を入れて沸かし、ほぐしたしめじ、和風だしの素を入れる。
2. ひと煮立ちしたらみそを入れて溶き、2cm角に切った豆腐を入れて温める。

みそを入れた後に豆腐を入れると形が崩れない◎

献立にちょい足し
マスカット2粒を器に盛る。

Part 3 節約献立

豆腐入り月見つくね献立

節約食材としても優秀な鶏ひき肉をふんわり食感のつくねに。
つくねに使った豆腐の半分は副菜に、余った卵白は汁物に使うのでムダがありません。

Menu
- 豆腐入り月見つくね
- きゅうりとちくわのコーンマヨ和え
- キムチのせ冷奴
- 卵白とちんげん菜の中華スープ

豆腐入り月見つくね

豆腐の水分でふんわり仕上がるので水切りなしでOK。
こってり味のタレととろ〜り卵黄がよく合います！

材料（2人分・6個分）

サラダ油 ………… 大さじ1

タネ
鶏ひき肉 ………… 200g
豆腐 ……………… 1/2パック(75g)
卵 ………………… 1個
パン粉 …………… 大さじ3
片栗粉 …………… 大さじ1
塩こしょう ……… 適量

調味料
しょうゆ ………… 大さじ2
みりん …………… 大さじ2
酒 ………………… 大さじ1
砂糖 ……………… 大さじ1

トッピング
卵黄 ……………… 2個分
＊余った卵白はスープに使います

付け合わせ
大葉 ……………… 適宜

作り方

1 ボウルにタネの材料を入れてよくこねる。

2 6等分し、それぞれ楕円形に成形する。フライパンに油を熱し、並べて焼く。

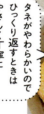

タネがやわらかいのでひっくり返すときはやさしく丁寧に

3 焼き色がついたら裏返し、調味料を入れ、弱火にして蓋をし、2分蒸し焼きにする。

4 蓋を取り、中火に戻してタレを煮詰め、絡ませる。大葉とともに器に盛り、卵黄を添える。

Point

豆腐がない場合はれんこんやエリンギのみじん切りをタネに入れるとかさ増しになって食感も楽しいです♪

きゅうりとちくわのコーンマヨ和え

材料（2人分）
- きゅうり ……………… 1本
- ちくわ ………………… 5本
- コーン缶 ……………… 1缶（固形量120g）
- マヨネーズ …………… 大さじ2
- 塩 ……………………… 少々

作り方
1. きゅうりは斜め薄切りにして塩もみし、水気を切る。ちくわは斜め薄切りにする。
2. ボウルに1とコーン缶、マヨネーズを入れて和える。

キムチのせ冷奴

材料（2人分）
- 豆腐 …………………… 1/2パック（75g）
- 白菜キムチ …………… 大さじ2
- ごま油 ………………… 小さじ1/2
- しょうゆ ……………… 小さじ1/2

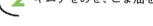
月見つくねで余った豆腐を使う◎

作り方
1. 豆腐を半分に切って器に盛り、しょうゆをかける。
2. キムチをのせ、ごま油をかける。

卵白とちんげん菜の中華スープ

材料（2人分）
- ちんげん菜 …………… 1株
- 水 ……………………… 350ml
- 卵白（溶いておく）…… 2個分
- しょうゆ ……………… 大さじ1
- 鶏ガラスープの素 …… 小さじ2

Point
月見つくねで余った卵白を使う◎

作り方
1. ちんげん菜は茎の部分を2cm幅に、葉の部分を4cm幅に切る。
2. 鍋に水を入れて沸かし、1としょうゆ、鶏ガラスープの素を入れ2分ほど煮る。
3. 卵白をゆっくりと流し入れる。

Part 3 節約献立

よだれ鶏献立

メインのよだれ鶏はレンジでラクチン。
副菜の卵のタレをかけていただく時短メニューです。
あっさりした副菜と汁物を合わせた、暑い日にもぴったりの中華風献立。

わかめと豆腐の中華スープ

材料(2人分)

乾燥わかめ ……… 小さじ2
絹豆腐 ……………… 1パック(150g)
水 …………………… 300ml
鶏ガラスープの素 … 小さじ2
白ごま ……………… 適宜

作り方

1. 鍋に水を入れて沸かし、鶏ガラスープの素を入れる。
2. 2cm角に切った豆腐とわかめを入れ、わかめが膨らむまで1分ほど煮る。器に盛り、白ごまをふる。

よだれ鶏

Point: 鶏肉の大きさで火の通り具合が変わるので、電子レンジの加熱時間は調整してください。

材料（2人分）

鶏むね肉 …………… 1枚（約400g）

A
- 酒 ………… 大さじ2
- 砂糖 ……… 大さじ1
- 塩 ………… 小さじ1/2

タレ
- 長ねぎ（みじん切り）… 4cm分
- ごま油 …………… 小さじ2
- 水 ………………… 50ml
- しょうゆ ………… 50ml
- 砂糖 ……………… 大さじ1
- にんにくチューブ … 4cm
- とうがらし（輪切り）… 適宜

トッピング
- 小ねぎ（小口切り）…… 適宜

「麻薬卵」に使ったタレを使用する場合はここでタレを作る必要なし！

作り方

1. 鶏肉は観音開きにして平らにし、耐熱容器に入れてAをなじませる。
2. ふんわりラップをして電子レンジで3分加熱。鶏肉をひっくり返して再度3分加熱する。ラップをしたまま10分ほど放置して余熱で火を通す。
3. 食べやすい大きさに切って器に盛り、タレの材料を混ぜ合わせてかけ、小ねぎをのせる。

1

麻薬卵

材料（2人分）

卵 ……………… 2～4個
＊前日に漬け込みまでしておくとラクです

タレ
- 長ねぎ（みじん切り）… 4cm分
- ごま油 …………… 小さじ2
- 水 ………………… 50ml
- しょうゆ ………… 50ml
- 砂糖 ……………… 大さじ1
- にんにくチューブ … 4cm
- とうがらし（輪切り）… 適宜

作り方

1. 鍋に水（分量外）を沸かしてゆで卵を作り、殻をむく。
2. タレの材料を混ぜ合わせ、ゆで卵を30分以上漬ける。

沸騰後7分半ゆでがおすすめ

きゅうりともやしのナムル

材料（作りやすい分量）

- きゅうり …………… 1本
- もやし ……………… 1/2袋
- 塩 …………………… 少々

調味料
- ごま油 …………… 小さじ1
- 鶏ガラスープの素 … 小さじ2

作り方

1. きゅうりはせん切りにして塩もみし、水気を切る。
2. もやしは耐熱容器に入れてラップをし、電子レンジで1分半加熱。水気を切る。
3. きゅうりともやし、調味料を混ぜ合わせる。

献立にちょい足し
冷えたトマト（適量）を5mm角の角切りにして器に盛る。

Part 3 節約献立

大根そぼろ献立

大根にひき肉の旨みがしみ込んだそぼろ煮をメインに、
サッとできる副菜を合わせました。
ほっとする味わいの茶碗蒸しはレンジでプルプルに仕上がります。

しいたけとわかめのお吸い物

材料(2人分)

- しいたけ(薄切り) ……3〜4個分
- 乾燥わかめ ……… 小さじ2
- 水 ……………… 300ml
- 白だし ………… 大さじ1

作り方

1. 鍋に水を入れて沸かし、しいたけと白だしを入れる。
2. ひと煮立ちしたらわかめを入れ、わかめが膨らむまで1分ほど煮る。

大根そぼろ

材料（2人分）

大根 ………………… 1/2本（約400g）
鶏ひき肉 ………… 200g
サラダ油 ………… 大さじ1
水 ………………… 300ml

調味料
しょうゆ ………… 大さじ3
酒 ………………… 大さじ2
砂糖 ……………… 大さじ1
しょうがチューブ … 6cm
和風だしの素 …… 小さじ1

水溶き片栗粉
水 ………………… 大さじ2
片栗粉 …………… 大さじ1
＊混ぜ合わせておく

トッピング
小ねぎ（小口切り）…… 適宜

作り方

1. 大根を1cm厚さのいちょう切りにする。耐熱容器に入れてふんわりとラップし、電子レンジで3分加熱する。

2. フライパンに油を熱し、ひき肉をほぐしながら炒める。

3. 鶏肉に火が通ったら1、水、調味料を入れ、ときどきかき混ぜながら弱火～中火で15～20分煮る。

4. 水溶き片栗粉をまわし入れてとろみをつける。器に盛ってトッピングをする。

ピーマンとちくわの炒め物

材料（2人分）

ピーマン ………… 3個
ちくわ …………… 5本
しょうゆ ………… 大さじ1
砂糖 ……………… 大さじ1/2
ごま油 …………… 大さじ1

作り方

1. ピーマンは細切りに、ちくわは7mm幅の輪切りにする。

2. フライパンに油を熱し、1を軽く炒める。

3. しょうゆと砂糖を入れ、強火で1～2分炒める。

カニかまぼこ入り茶碗蒸し

材料（1人分）

卵 ………………… 1個
カニかまぼこ（ほぐす）
　………………… 1本
水 ………………… 100ml
白だし …………… 小さじ2

トッピング
枝豆 ……………… 適宜

作り方

＊2人分作るときは容器をもう1つ用意し、同様に作ってください。

1. 耐熱の器にトッピング以外の材料をすべて入れて混ぜ合わせ、ふんわりとラップをして500Wの電子レンジで3分半加熱する。

2. ラップをしたまま5分ほど蒸らし、枝豆をのせる。

Part 3 節約献立

夏野菜の揚げ浸し献立

夏野菜がたくさん食べられる揚げ浸しがメイン。副菜のとうもろこしも一度に揚げるので時短に。揚げ浸しの汁は多めに作って、稲荷そうめんにも使います！

稲荷そうめん

材料（2人分・8個分）

稲荷
- 油揚げ（半分に切り8個分にする）……4枚分
- 水……200ml
- みりん……大さじ1と1/2
- 酒……大さじ1
- 砂糖……大さじ1
- しょうゆ……小さじ2
- 和風だしの素……小さじ1

- そうめん……1束(100g)
- 「夏野菜の揚げ浸し」の汁……適量

トッピング
- 大葉（細切り）または小ねぎ（小口切り）……適宜

作り方

1. 油抜きした油揚げをフライパンに並べて稲荷の材料をすべて入れ、落とし蓋をして弱火で10分煮る。

2. そうめんを表記通りにゆで、水気を切って「夏野菜の揚げ浸し」の汁を混ぜ合わせる。

3. 稲荷を開いてフチを内側に折り、2をフォークでくるくる巻いて詰める。トッピングをのせる。

夏野菜の揚げ浸し

材料(2人分)

なす	2本
ズッキーニ	1/4本
パプリカ	1/2個
カボチャ	100g
揚げ油	適量

揚げ浸しの汁

水	250ml
白だし	大さじ3
めんつゆ(4倍濃縮)	大さじ2

＊稲荷そうめんを作らない場合はすべて半量でOK

作り方

1. なすは縦半分に切り、表面に切り込みを入れる。ズッキーニは輪切りに、パプリカはひと口大に切る。カボチャは薄切りにする。

2. フライパンに底から1cmほどの油を入れて熱し、1の野菜を素揚げにする。

3. バットに揚げ浸しの汁を入れ、2を15分以上浸す。

とうもろこしの唐揚げ

材料(2人分)

とうもろこし	1本
片栗粉	適量
揚げ油	適量

タレ

バター	10g
しょうゆ	大さじ2
砂糖	大さじ1/2

＊混ぜ合わせ、電子レンジで1分加熱しておく

\\ Point //
夏野菜の揚げ浸しと一緒に揚げると効率よく油を使えます◎

作り方

1. とうもろこしは皮を1枚残したまま電子レンジで4分加熱する。 〈皮がスルッとむける！〉

2. 1を3等分し、それぞれタテに切って半円にする。片栗粉をまぶしておく。

3. フライパンに底から1cmほどの油を入れて熱し、2分ほど油で揚げる。タレに漬けてすぐ取り出す。 〈油はねに注意！〉

きゅうりとささみの梅ポン酢和え

材料(2人分)

きゅうり	1本
ささみ	1本
梅干し	1個
ポン酢しょうゆ	大さじ2

作り方

1. きゅうりはせん切りにして塩(分量外)でもみ、水気を切る。梅干しは種を取り除き、たたいてペースト状にする。

2. 鍋に水(分量外)を沸かしてささみをゆで、粗熱がとれたらほぐす。1と合わせてポン酢しょうゆで和える。

column 2 カタログ

トマトチーズおかか

チーズとおかかの相性がバツグン!

材料(作りやすい分量)
- ミニトマト……………8個
- ベビーチーズ…………1個
- かつお節………………2g
- めんつゆ(4倍濃縮)
  ………………………小さじ1

作り方
1. トマトは半分に切り、チーズは1cm角に切る。
2. ボウルにすべての材料を入れ、混ぜ合わせる。

白だしづけトマト

さっぱりした副菜がほしいときに

材料(作りやすい分量)
- ミニトマト……………10個
- 玉ねぎ………………1/4個

調味料
- オリーブ油……………大さじ1
- 白だし…………………大さじ1
- レモン汁………………大さじ1
- 塩………………………少々

作り方
1. 玉ねぎはみじん切りにして10分水(分量外)にさらし、水気をきる。トマトは半分に切る。
2. 1と調味料を混ぜ合わせる。

パプリカとたこのマリネ

洋風の献立によく合います!

材料(作りやすい分量)
- パプリカ………………1個
- ゆでだこ………………120g

調味料
- オリーブ油……………大さじ1
- レモン汁………………小さじ2
- にんにくチューブ……2cm
- 塩………………………適量
- 粗びき黒こしょう……適量

作り方
1. パプリカとたこは小さめのひと口大に切る。
2. 1と調味料をすべて混ぜ合わせる。

74

れんこん明太マヨ

クリーミーな明太マヨがおいしい！

材料(作りやすい分量)

れんこん …………100g
お酢 ……………大さじ1
A
　明太子 …………30g
　マヨネーズ ……大さじ1と1/2

作り方

1. れんこんは5mm幅のいちょう切りにする。鍋に水(分量外)を入れて沸かし、お酢を入れてれんこんを3分ゆでる。
2. ボウルにAを入れて混ぜ、水気をきったれんこんを混ぜ合わせる。

きゅうりキムチ和え

火を使わず和えるだけで完成！

材料(作りやすい分量)

きゅうり …………1本
白菜キムチ ………適量
　　　　(スプーン2杯程度)
ごま油 …………小さじ1
塩 ………………少々

作り方

1. きゅうりは麺棒でたたき、ひと口大に切る。
2. ボウルにすべての材料を入れ、混ぜ合わせる。

長いも梅和え

シャキシャキ食感がポイント

材料(作りやすい分量)

長いも …………100g
梅干し …………1個
めんつゆ(4倍濃縮)
　………………小さじ2

作り方

1. 長いもは短冊切りにする。梅干しは種を取り、包丁で叩いてペースト状にする。
2. ボウルにすべての材料を入れ、混ぜ合わせる。

column 2 菜カタログ

ほうれん草のお浸し

だしが利いたシンプル副菜。小松菜でもOK！

材料（作りやすい分量）
- ほうれん草………1袋
- 水 ………………100ml
- しょうゆ…………大さじ1
- 白だし……………大さじ1

作り方
1. 鍋に水（分量外）を入れて沸かし、ほうれん草を1分半ほどゆでて冷水（分量外）にとる。ギュッと絞って3cm幅に切る。
2. 水、しょうゆ、白だしを混ぜ、ほうれん草を浸す。

ピーマンとじゃがいもの甘じょっぱ炒め

食感の違いが楽しめます。お弁当にもぴったり！

材料（作りやすい分量）
- ピーマン…………3個
- じゃがいも………3個
- 砂糖………………小さじ2
- しょうゆ…………小さじ2
- みりん……………小さじ2
- みそ………………小さじ2
- サラダ油…………大さじ1

作り方
1. ピーマンは1cm幅に切る。じゃがいもは、1cm幅の棒状に切って水（分量外）にさらしたあと、水気をきって耐熱容器に入れ、ラップをして電子レンジで3分加熱する。
2. フライパンに油を熱し、じゃがいもとピーマンをさっと炒め、残りの調味料を加えて絡ませる。

白だしづけアスパラチーズ

コロコロチーズとアスパラの色合いがキレイ！

材料（作りやすい分量）
- アスパラガス………4〜6本
- ベビーチーズ………1個
- 白だし……………大さじ2

作り方
1. アスパラは下のかたい部分の皮をピーラーでむき、斜め3等分に切る。耐熱容器に入れてふんわりとラップし、電子レンジで1分加熱する。
2. 1cm角に切ったチーズ、白だしを混ぜる。

ちくわ入りコールスロー

ちくわを加えて食べ応え&旨みアップ!

材料（作りやすい分量）

キャベツ	1/8個
にんじん	1/4本
ちくわ	3本
ハム	4枚
マヨネーズ	大さじ4
お酢	大さじ1
塩	適量

作り方

1. キャベツとにんじんはせん切りにして塩（分量外）でもみ、水気をきる。ちくわは斜め薄切りに、ハムは細切りにする。
2. すべての材料を混ぜ合わせる。

小松菜と牛肉のポン酢和え

牛肉をさっぱりと。どんどん箸が進みます

材料（作りやすい分量）

小松菜	1袋
しめじ	1パック
牛バラ薄切り肉	150g
ポン酢しょうゆ	大さじ2
めんつゆ（4倍濃縮）	大さじ1
塩	適量

作り方

1. 牛肉は食べやすい大きさに切る。小松菜は茎の部分を2cm幅に、葉の部分を4cm幅に切る。
2. 鍋に水（分量外）を入れて沸かし、塩を入れて小松菜の茎をゆでる。1分経ったら葉の部分、牛肉、ほぐしたしめじを入れ、3分ゆでてザルにあげる。
3. ポン酢しょうゆとめんつゆで和える。

ブロッコリーとツナの卵サラダ

めんつゆ×マヨネーズで味が決まる！

材料（作りやすい分量）

ブロッコリー	1株
卵	2個
ツナ缶	1缶(90g)
マヨネーズ	大さじ2
すりごま	大さじ2
めんつゆ（4倍濃縮）	小さじ2

作り方

1. 鍋に水（分量外）を入れて沸かし、ひと口大に切ったブロッコリーを2〜3分ゆでる。ゆで卵（沸騰後8分ゆでがおすすめ）を作り、6等分する。
2. マヨネーズ、すりごま、めんつゆを合わせておき、ブロッコリー、ゆで卵、ツナを合わせる。

column 2 副菜 カタログ

黄 オレンジ

れんこんにんじんの ごまマヨサラダ

ごまマヨで根菜がたっぷり食べられる！

材料（作りやすい分量）

れんこん	80g
にんじん	1/2本
＊れんこんとにんじんは同じくらいの量にする	
すりごま	大さじ2
めんつゆ（4倍濃縮）	小さじ2
マヨネーズ	小さじ2

作り方

1. れんこんは5mm厚さ、にんじんは2mm厚さのいちょう切りにする。鍋に水（分量外）を入れて沸かし、れんこんとにんじんを2分ゆでる。
2. ボウルにすべての材料を入れて混ぜ合わせる。

カボチャバター

塩とバターでカボチャの甘味が引き立つ

材料（作りやすい分量）

カボチャ	100g
バター	10g
塩	小さじ1/2

作り方

1. カボチャをひと口大に切り、耐熱容器に入れてラップをし、電子レンジで3分加熱。
2. バターと塩を加えて混ぜ合わせる。

にんじんと明太子の卵炒め

明太子の塩気がクセになるおいしさ！

材料（作りやすい分量）

にんじん	1本
明太子	30g
卵	1個
めんつゆ（4倍濃縮）	小さじ1
ごま油	大さじ1

作り方

1. にんじんはせん切りにする。フライパンに油を熱し、しんなりするまで炒める。
2. 明太子とめんつゆを入れてさらに炒め、フライパンの端に寄せる。
3. 溶いた卵を流し入れて炒め合わせる。

さつまいもとレーズンの クリームチーズ和え

クリームチーズとヨーグルトでデリ風に

材料（作りやすい分量）

- さつまいも ……… 1/2本
- レーズン ………… 大さじ2
- クリームチーズ …… 2個（18g×2）
- ヨーグルト ……… 大さじ1

作り方

1. さつまいもは皮をむき、ひと口大に切って水（分量外）に10分さらす。水気を切り、耐熱容器に入れてふんわりラップをし、電子レンジで4分加熱する。
2. さつまいもをつぶし、ちぎったクリームチーズと材料をすべて混ぜ合わせる。

カレー風味のパスタサラダ

ゆで時間の調整で作り置きでもおいしく！

材料（作りやすい分量）

- スパゲッティ ……… 100g
- ウインナー ………… 4〜5本
- コーン缶 …………… 1缶（固形量120g）
- きゅうり …………… 1本
- マヨネーズ ………… 大さじ3
- カレー粉 …………… 小さじ1
- 塩（ゆでるとき）…… 小さじ1

作り方

1. 鍋に水（分量外）を入れて沸かす。塩を入れ、スパゲッティを表記時間より2分長くゆでて水気を切る。スパゲッティと一緒に5mm幅の斜め切りにしたウインナーもゆでる。
2. きゅうりは2mm幅の半月切りにして塩（分量外）でもみ、水気を切る。
3. ボウルにマヨネーズとカレー粉を合わせ、**1・2**とコーン缶を混ぜ合わせる。

> スパゲッティは長めにゆでると、時間が経ってもかたくなりにくいよ◎

ハムとコーンのポテトサラダ

大好きなポテサラが少ない材料で気軽に作れる！

材料（作りやすい分量）

- じゃがいも ………… 3個
- ハム ………………… 4枚
- コーン缶 …………… 1缶（固形量120g）
- マヨネーズ ………… 大さじ2
- 塩こしょう ………… 適量

作り方

1. じゃがいもはひと口大に切る。鍋に水（分量外）を入れて沸かし、やわらかくなるまでゆでて水気をきる。ハムは細切りにする。
2. じゃがいもをつぶし、すべての材料を混ぜ合わせる。

Part 4 記念日献立

ローストビーフ献立

テーブルを豪華に見せてくれるローストビーフが主役の献立。
パイ包みやポテトチーズボールなど、見た目も楽しく、
記念日にぴったりのメニューを合わせました。

- ローストビーフ
- えびのサラダ
- ポテトチーズボール
- パイ包みのスープ

ローストビーフ

弱火で加熱することで、中がしっとり仕上がります。
牛ももも肉は厚みのあるものを選ぶのがポイント。

材料(2人分)

牛ももかたまり肉
　　　　　　　　400g
にんにくチューブ … 適量
粗びき黒こしょう … 適量

焼くとき
オリーブ油 ……… 大さじ1

タレ
水 ……………… 50ml
しょうゆ ………… 大さじ2
みりん ………… 大さじ1
砂糖 …………… 大さじ1/2

付け合わせ
フリルレタス ……… 適宜
ミニトマト ………… 適宜

下準備

○ 牛肉は常温に戻しておく。

作り方

1 牛肉ににんにくチューブと粗びき黒こしょうをなじませる。

2 フライパンに油を熱して牛肉を焼き、全面に焼き色をつける。

3 タレの材料を入れて蓋をし、弱火で10分煮る（途中でひっくり返す）。火を止め、蓋をしたまま10分放置する。

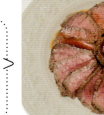

タレは容器に移すと量を調整しやすい◎

4 5mmほどの薄さにスライスして器に盛り、フライパンに残ったタレをかける。付け合わせを添えて盛りつける。

えびのサラダ

材料(2人分)

- むきえび……………8尾
- フリルレタス………8〜10枚
- モッツァレラチーズ(ひと口サイズ)
  ……………8個
- ミニトマト……………4個
- オリーブ油……………適量

ドレッシング
- オリーブ油…………大さじ1
- 牛乳……………大さじ1
- マヨネーズ…………大さじ1
- 砂糖……………小さじ1
- レモン汁………小さじ1
- ケチャップ…………小さじ1

＊材料を合わせておく

作り方

1. えびは背わたをとり、塩少々(分量外)をまぶし、オリーブ油を熱したフライパンで焼く。レタスはちぎってよく洗い、水気を切る。

2. 器にレタスを盛り、えびとモッツァレラチーズ、半分に切ったトマトをのせ、ドレッシングをかける。

ポテトチーズボール

材料(2人分・12個分)

- じゃがいも…3〜4個
- モッツァレラチーズ(ひと口サイズ)
  ……………3個

A
- バター……………10g
- 牛乳……………大さじ1
- 片栗粉……………大さじ2
- 塩こしょう………適量

- 揚げ油……………適量
- ケチャップ…………適宜
- パセリ……………適宜

作り方

1. 鍋に水(分量外)を沸かし、小さく切ったじゃがいもをやわらかくなるまでゆでる。水気を切り、Aを入れてつぶしながら混ぜ、12等分にする。

2. モッツァレラチーズを4等分に切り、1を丸めた中に入れる。同じものを12個作る。

3. フライパンに揚げ油を入れて熱し、きつね色になるまで揚げる。パセリを散らし、お好みでケチャップをつけていただく。

パイ包みのスープ

材料(2人分)

- 玉ねぎ(薄切り)……1/2個分
- マッシュルーム(薄切り)
  ……………4個分
- バター……………20g
- 小麦粉……………大さじ2
- 牛乳……………400ml
- コンソメキューブ…1個
- 塩……………少々
- パイシート(冷凍・10cm×10cm)
  ……………2枚(常温に戻す)
- 卵黄……………1個分

作り方

1. 鍋にバターを熱して玉ねぎを炒める。しんなりしたらマッシュルームと小麦粉を入れ、粉っぽさがなくなるまで炒める。

2. 牛乳、コンソメを入れて少し煮詰めたら、塩で味を調える。

3. 1人分ずつ耐熱の器に入れ、パイシートをかぶせる。溶いた卵黄を塗って200度のオーブンで20分焼く(途中で焦げそうになったらアルミホイルをかぶせる)。

Part 4 記念日献立

鮭とカボチャの
グラタン献立

こんがりと焼けたチーズの香りがたまらないグラタンと、
華やかなシーザーサラダ。クリーミーな味わいの
メニューなので、トマトの酸味が利いた
ミネストローネを合わせました。

Menu
- 鮭とカボチャのグラタン
- 生ハムのシーザーサラダ
- ガーリックトースト
- ミネストローネ

鮭とカボチャのグラタン

ほくほく甘いカボチャと鮭の組み合わせがおいしいグラタン。
パイシートをのせて焼くのもおすすめです。

材料（2人分）

- 鮭（骨抜き）……… 2切れ
- カボチャ ………… 250g
- 玉ねぎ …………… 1/2個
- ピザ用チーズ …… 適量
- 牛乳 ……………… 300ml
- 小麦粉 …………… 大さじ3
- コンソメキューブ … 1個
- 塩 ………………… 小さじ1/4
- バター …………… 20g

トッピング

- パセリ …………… 適宜

下準備

- カボチャはタネをとり、皮を包丁でそぎ落とし、ひと口大に切る。
- 玉ねぎは薄切りにする。

作り方

1 耐熱容器にカボチャを入れ、ふんわりとラップをして電子レンジで4分加熱する。

2 鍋にバターを熱し、玉ねぎをしんなりするまで炒める。

3 小麦粉を入れて炒め、粉っぽさがなくなったら1のカボチャと牛乳、コンソメ、塩を入れる。カボチャをつぶしながら、とろみがつくまで煮詰める。

4 耐熱の器に3を入れ、ひと口大に切った鮭、チーズをのせて250度のオーブンで20分焼く。お好みでパセリを散らす。

※トースターで焼いてもOK

生ハムのシーザーサラダ

材料（2人分）

- サニーレタス ……… 8枚～10枚
- ミニトマト ………… 4個
- 生ハム …………… 4枚
- モッツァレラチーズ ………………… 1個

ドレッシング

- マヨネーズ ………… 大さじ2
- 牛乳 ………………… 大さじ3
- レモン汁 …………… 大さじ1
- 粉チーズ …………… 大さじ1
- にんにくチューブ … 1cm

作り方

1. レタスはちぎってよく洗い、水気を切る。ドレッシングの材料を混ぜておく。
2. 器にレタスを盛り、その上にちぎったモッツァレラチーズと生ハム、半分に切ったトマトをのせ、ドレッシングをかける。

ガーリックトースト

材料（2人分・4個分）

- フランスパン（2～3cm幅） ………………… 4切れ
- にんにくチューブ … 4cm
- 塩 ………………… 小さじ1/4
- パセリ …………… 適宜
- オリーブ油 ……… 大さじ3

作り方

1. オリーブ油、にんにくチューブ、塩を混ぜ合わせ、パンに塗る。
2. トースターに並べて2分焼き、パセリを散らす。

ミネストローネ

材料（作りやすい分量）

- 玉ねぎ …………… 1/2個
- にんじん ………… 1/4本
- キャベツ ………… 1/8個
- しめじ …………… 1パック
- ベーコン ………… ハーフサイズ4枚
- オリーブ油 ……… 大さじ1
- トマト缶（カットタイプ） ………………… 1缶（400g）
- 水 ………………… 約400ml（トマト缶で1缶分）
- コンソメキューブ … 2個
- 塩 ………………… 少々
- パセリ …………… 適宜

作り方

1. 玉ねぎは薄切り、にんじんは5mm厚さのいちょう切り、キャベツはざく切り、ベーコンは1cm幅に切る。
2. 鍋に油を熱し、1を2分ほど炒める。
3. トマト缶、水、ほぐしたしめじ、コンソメを入れて20分ほど煮る。塩で味を調え、器に盛ってパセリを散らす。

> 水はトマト缶の空き缶に注いで計量できるので便利

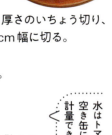

Part **4** 記念日献立

スペアリブの
コーラ煮込み献立

甘辛い味があとを引くスペアリブの煮込みに、具だくさんのサラダ、
濃厚な味わいのポタージュを合わせました。
フランス料理のウフマヨは、ゆで卵が驚くほどおいしく変身！

スペアリブの
コーラ煮込み

コーラがお肉をやわらかく、ジューシーにしてくれます！
豪快にかぶりついて召し上がれ。

材料（2人分・5個分）

スペアリブ（豚骨付きバラ肉）
………………… 650g
オリーブ油………… 適量

A
| にんにくチューブ
| ………………… 8cm
| 塩………………… 適量
| 粗びき黒こしょう
| ………………… 適量

調味料
コーラ …………… 360ml
しょうゆ ………… 大さじ3
みりん …………… 大さじ3
ケチャップ ……… 大さじ2
とんかつソース … 大さじ2

トッピング
パセリ …………… 適宜

下準備
○ スペアリブが大きい場合は骨と骨の間に包丁を入れ、食べやすく切る。

作り方

1 スペアリブの両面に**A**を塗る。

焼き色をつけてから煮込むのがコツ

2 フライパンに油を熱し、スペアリブの両面を焼く。

3 調味料を入れて落とし蓋をし、弱火で1時間煮込む。途中でひっくり返し、アクが出たら取り除く。

4 最後に中火にし、5分ほど煮詰める。器に盛ってパセリを散らす。

ごちそうサラダ

材料(2人分)

- フリルレタス …………… 8枚～10枚
- さつまいも(5mm幅のいちょう切り)
  …………… 1/4本分
- 厚切りベーコン(1cm幅に切る)
  …………… 50g分
- マッシュルーム(3mm幅の薄切り)
  …………… 2個分
- ミニトマト …………… 4個
- オリーブ油 …………… 大さじ2
- しょうゆ …………… 大さじ1
- ガーリックパウダー …… 小さじ1
- 塩こしょう …………… 適量

作り方

1. フライパンに油を熱して
さつまいもを焼き、焼き色がついたら取り出す。

2. 同じフライパンでベーコン、マッシュルームを炒め、
ガーリックパウダーと塩こしょうをふる。
最後にしょうゆを入れ、ひと煮立ちしたら火を止める。

3. ちぎったレタスに塩少々(分量外)をまぶして器に盛り、
2とさつまいも、1/4に切ったトマトをのせる。

ウフマヨ

材料(2人分)

- 卵 …………… 2個

ソース
- マヨネーズ …………… 大さじ2
- 牛乳 …………… 大さじ1
- オリーブ油 …………… 小さじ2
- レモン汁 …………… 小さじ1/2
- 塩、ガーリックパウダー
  …………… 適量

トッピング
粗びき黒こしょう … 適宜
＊パプリカパウダーもおすすめ

作り方

1. 鍋に水(分量外)を入れて沸かし、
ゆで卵を作る。
＊沸騰後6分半ゆでがおすすめ

2. ソースの材料を混ぜ合わせ、
器にのせたゆで卵にかける。
お好みでトッピングを散らす。

カボチャのポタージュ

材料(2人分)

- カボチャ(種をとり、皮をそぐ)
  …………… 200g
- 玉ねぎ(薄切り) …… 1/2個分
- オリーブ油 …………… 大さじ1
- 牛乳 …………… 200ml
- 水 …………… 200ml
- コンソメキューブ … 1個
- 塩 …………… 小さじ1/2
- パセリ …………… 適宜

作り方

1. カボチャは小さめのひと口大に切る。耐熱容器に入れ、
ふんわりとラップをして電子レンジで4分加熱する。

2. 鍋に油を熱し、玉ねぎをしんなりするまで炒める。

3. 水、コンソメ、**1**、塩を入れてカボチャを少しつぶしながら
混ぜ、ハンドブレンダーにかける。牛乳を入れて
ひと煮立ちさせる。器に盛ってパセリを散らす。

Part 4 記念日献立

チキンレモンクリーム煮献立

濃厚だけど、レモン風味でさっぱりいただけるクリーム煮。
オニオングラタンスープやカプレーゼを合わせて
レストラン気分のディナーに。

チキンレモンクリーム煮

材料(2人分)

- 鶏もも肉 …………… 250g
- じゃがいも ………… 3個
- しめじ …………… 1/2パック
- 小麦粉 …………… 大さじ3
- 塩 ……………… 小さじ1/2
- オリーブ油 ………… 大さじ1
- バター …………… 5g(最後に加える)

A
- 牛乳 …………… 300ml
- コンソメキューブ … 1個
- レモン汁 ……… 大さじ1

トッピング
- レモン(スライス) …… 適宜
- パセリ ………… 適宜

\\ Point //
濃厚なので、さっぱり仕上げたい場合はレモン汁を大さじ2にしてもOK

作り方

1. 鶏肉はひと口大に切り、塩をもみ込んで小麦粉大さじ2をまぶす。じゃがいもはひと口大に切る。

2. フライパンに油を熱し、鶏肉とじゃがいもを焼く。

3. 焼き色がついたらひっくり返し、ほぐしたしめじと小麦粉大さじ1を加える。

4. Aを入れてとろみがつくまで混ぜ、最後にバターを入れて溶かす。器に盛り、パセリとレモンをのせる。

カプレーゼ

材料(2人分)

- モッツァレラチーズ …… 1個
- トマト(中) ………… 2個
- オリーブ油 ……… 大さじ1
- 塩、粗びき黒こしょう ……… 少々

作り方

1. チーズとトマトは5mm厚さの輪切りにする。

2. 器にチーズとトマトを交互に並べ塩とこしょうとオリーブ油をかける。

> バジルを散らすともっと本格的に!

オニオングラタンスープ

材料(2人分)

- 玉ねぎ(薄切り) ……1個分
- フランスパン(2cm厚さ) ……………2切れ
- ピザ用チーズ …… 30g
- 水 …………… 300ml
- コンソメキューブ … 1個
- バター ………… 10g
- パセリ ………… 適宜

作り方

1. フライパンにバターを熱し、玉ねぎが飴色になるまで炒める。水とコンソメを入れて2分ほど煮る。

2. 耐熱の器に1を入れ、パンとチーズをのせ、オーブンに入れて250度で10分焼く。パセリを散らす。

93

Part 5 丼もの

キーマカレー

家にある調味料で簡単に作れて本格的な味わい。
アボカド＆卵黄のトッピングがおすすめ。くずしながら召し上がれ！

材料(2〜3人分)

- 豚ひき肉 …………… 200g
- 玉ねぎ ……………… 1個
- にんじん …………… 1/2本
- ごはん ……………… お茶碗大盛り2杯分
- サラダ油 …………… 大さじ1
- A
  - 水 ………………… 60ml
  - カレールー ……… 3皿分
  - ケチャップ ……… 大さじ2
  - とんかつソース … 大さじ2

トッピング
*お好みでいずれか
- アボカド×卵黄×粗びき黒こしょう …………………………… 適宜
- 卵黄×パセリ ………………… 適宜
- 粉チーズ×パセリ …………… 適宜

作り方

1 玉ねぎとにんじんをみじん切りにする。

2 フライパンに油を熱し、玉ねぎとにんじんを炒める。

3 しんなりしたら、ひき肉を入れてほぐしながら炒める。ひき肉に火が通ったら、**A**を入れて混ぜ合わせる。

4 カレールーがすべて溶けるまで炒め、器に盛ったごはんにのせてお好みでトッピングする。

Point みじん切りの工程が多いので、みじん切り器やフードプロセッサーを使うとラク！

Part **5** 丼もの

タコライス

タコミートの部分はレンチンで簡単に◎
パリパリ食感のチップスがアクセントです！

材料(2人分)

ごはん …………… お茶碗大盛り2杯分

タコミート
- 豚ひき肉 ………… 200g
- ウスターソース …… 大さじ2
- ケチャップ ………… 大さじ2
- にんにくチューブ … 4cm
- コチュジャン ……… 小さじ1/2
- 塩こしょう ………… 適量

トッピング
- レタス …………… 2~3枚
- トマト …………… 1個
- アボカド ………… 1個
- ピザ用チーズ …… 60g
- トルティーヤチップス …………… 8枚
- パセリ …………… 適宜

作り方

1. 耐熱容器にタコミートの材料をすべて入れて混ぜ合わせ、ラップをして電子レンジで3分加熱する。一度取り出して全体を混ぜ、再度2分加熱する。
2. レタスは小さめにちぎり、トマトとアボカドは1cm角に切る。
3. 器に盛ったごはんの上に**1**とチーズをのせて電子レンジで1分加熱。
4. **2**とトルティーヤチップス、パセリをのせる。

Point タコミートはフライパンで炒めて作ってもOKです！

ささみユッケ風丼

ヘルシーなささみがやわらか＆プリプリ食感に！
ごま油香る甘辛ダレで、食べたらハマります。

材料（2人分）

ごはん	お茶碗大盛り2杯分
ささみ	320g（6本）
片栗粉	大さじ3
酒	小さじ2
塩	小さじ1/2

調味料

ごま油	大さじ1/2
しょうゆ	大さじ1
焼肉のタレ	大さじ1
砂糖	大さじ1/2
コチュジャン	小さじ1
にんにくチューブ	4cm

トッピング

卵黄	2個分
小ねぎ（小口切り）	適宜
白ごま	適宜

作り方

1. ささみはひと口大に切り、塩と酒をもみ込み、片栗粉をまぶす。
2. 鍋に水（分量外）を沸かし、1を4〜5分ゆでる。
3. 鶏肉に火が通ったら氷水（分量外）にとる。
4. ボウルに調味料をすべて入れて混ぜ合わせ、水気を切った3を入れて混ぜる。器に盛ったごはんにのせ、トッピングをのせる。

Point 余った卵白はスープに入れたり、お好み焼きや卵焼きに入れるのがおすすめ。

Part 5 丼もの

ふわとろ親子丼

ほっとする味わいの定番どんぶり。鶏肉に下味をつけることでおいしく！
卵のふんわり感を残す火加減がポイント。

材料(2人分)

- ごはん …………… お茶碗大盛り2杯分
- 鶏もも肉 ………… 280g
- 玉ねぎ …………… 1個
- 卵 ………………… 4個
- サラダ油 ………… 大さじ1
- 塩 ………………… 少々

合わせ調味料

- 水 ………………… 40ml
- 酒 ………………… 大さじ1
- 白だし …………… 大さじ1
- みりん …………… 大さじ1
- 砂糖 ……………… 大さじ1/2
- しょうゆ ………… 大さじ1/2
- 鶏ガラスープの素 … 小さじ1

トッピング

- 小ねぎ(小口切り) ……適宜

作り方

1. 鶏肉はひと口大に切って塩をまぶし、玉ねぎは薄切りにする。
2. フライパンに油を熱し、鶏肉と玉ねぎを3分ほど炒める。
3. 合わせ調味料を入れて蓋をし、3分ほど煮詰める。
4. 汁気を飛ばすように強火で2分ほど炒め、弱火〜中火にして溶き卵を入れ、少し放置。
5. 卵が固まってきたら外側からゆっくり混ぜ、蓋をして弱火で1分蒸す。器に盛ったごはんにのせてトッピングをのせる。

Point 卵を入れたときに火が強すぎるとすぐに固まってしまいます。弱火〜中火で様子を見ながらゆっくり混ぜるとふわとろに◎

やみつきビビンバ

フライパン1つで、まるでお店の味。野菜がたっぷり食べられるのもうれしい！
辛さはコチュジャンの量で調節してください◎

材料（2人分）

ごはん …………… お茶碗大盛り2杯分

ナムル
- にんじん ………… 1/2本
- ほうれん草 ……… 1袋
- ごま油 …………… 小さじ1
- 鶏ガラスープの素 …………… 小さじ2

肉炒め
- 牛バラ薄切り肉 …… 150g
- ごま油 …………… 小さじ1
- **A**
  - 焼肉のタレ ……… 大さじ2
  - コチュジャン …… 大さじ1

トッピング
- 卵黄 ……………… 2個分
- 白ごま …………… 適宜

作り方

1. にんじんはせん切りにして耐熱容器に入れ、ラップをして電子レンジで3分加熱。ほうれん草はゆでて水気をよく切り、3cm幅に切る。にんじんとほうれん草をボウルに入れ、ナムル用のごま油と鶏ガラスープの素を加えて混ぜ合わせる。

2. フライパンに肉炒め用のごま油を熱して牛肉を炒め、半分ほど火が通ったら**A**を加えてさらに炒める。

3. 器にごはんと**1**、**2**を盛り、トッピングをのせる。

Point ナムルは多めに作って次の日の副菜にするのもおすすめ！

Part 5 丼もの

特製オムハヤシライス

オムライス×ハヤシソースのしあわせな組み合わせ。
卵は混ぜすぎないことが、ふんわりと仕上げるコツです。

材料（2人分）

ごはん	お茶碗大盛り2杯分
牛バラ薄切り肉	200g
玉ねぎ（薄切り）	1/2個分
しめじ	1/2パック
オリーブ油	大さじ1
小麦粉	大さじ1
水	180ml
パセリ	適宜

調味料

中濃ソース	大さじ4
ケチャップ	大さじ4
砂糖	大さじ1/2
コンソメ（顆粒）	小さじ1
バター	20g（最後に入れる）

オムレツ

卵	4個
牛乳	大さじ2
塩	少々

作り方

1. 鍋に油を熱し、牛肉、玉ねぎを炒める。

2. 玉ねぎがしんなりしたらほぐしたしめじを入れてさっと炒める。小麦粉を入れ、粉っぽさがなくなるまで炒める。

3. 水と調味料の材料をすべて入れ、弱火〜中火で20分煮る。最後にバターを入れて混ぜ合わせる。

4. ボウルに卵を溶いて牛乳、塩を入れて混ぜる。油（分量外）を熱したフライパンに半量（1人分ずつ）を流し込み、大きく混ぜて半熟に焼く。器に盛ったごはんにのせ、3をかけてパセリを散らす。もう1つも同様に作る。

Point ハヤシソースはバターを最後に入れることでコクがアップ◎

ポークケチャップ

がっつり食べたいときにおすすめのポークケチャップは、やわらかお肉と玉ねぎの食感がGOOD！ 甘辛い味つけでごはんがどんどん進みます。

材料（2人分）

ごはん	お茶碗大盛り2杯分
豚こま切れ肉	280g
玉ねぎ	1/2個
塩こしょう	適量
サラダ油	大さじ1
パセリ	適宜

調味料

ケチャップ	大さじ2
とんかつソース	大さじ1
酒	大さじ1
はちみつ	大さじ1
にんにくチューブ	4cm

付け合わせ

レタス	適宜
ミニトマト	適宜

作り方

1. 玉ねぎは薄切りにする。フライパンに油を熱し、塩こしょうをまぶした豚肉と玉ねぎを炒める。
2. 豚肉に火が通ったら調味料を入れて絡ませる。
3. ごはん、付け合わせと一緒に器に盛り、パセリを散らす。

column 夫飯

大切な人にふるまう 本格風フルコース

フレンチやイタリアンのエッセンスを取り入れてアレンジしたフルコース。特別な日にふるまえば、感激されること間違いなしです。

4種のブルスケッタ

アボカドとサーモンのタルタル

きのこソースの
チキンステーキ

ブロッコリーの
ポタージュ

ベーコンと玉ねぎの
リゾット

4種のブルスケッタ

味も見た目もバリエーション豊か♪

材料（各2個分）

フランスパン（8等分に斜めに切る）
　………………1本分

トマトのバジルソース炒め
- ミニトマト　………5個
- バジルソース（市販）
　………………大さじ1

ベーコン＆マッシュポテト
- 厚切りベーコン（1cm幅くらいの棒状）
　………………100g分
- じゃがいも　………2個
- バター　………20g
- 塩こしょう　………適量
- ＊「きのこバターしょうゆ」の
  マッシュポテト分も含む

きのこバターしょうゆ
- しめじ（ほぐす）………1/2パック分
- エリンギ（長さを半分にして5mm幅に切る）
　………………2本分
- バター　………20g
- 塩こしょう　………適量
- しょうゆ　………大さじ1
- ＊「ベーコン＆マッシュポテト」で作った
  マッシュポテト半量

まぐろのたたきといくら
- まぐろの刺身　………赤身・中トロ
　　　　　　　各2切れ程度
- ＊市販のまぐろのたたきでも可
- いくら　………適量
- しょうゆ　………適量

作り方

トマトのバジルソース炒め
1. トマトを1/4に切る。
2. フライパンを熱し、バジルソースと合わせて炒め、パンにのせる。

ベーコン＆マッシュポテト
1. 鍋に水（分量外）を沸かし、小さく切ったじゃがいもをゆでる。じゃがいもをつぶし、バターと塩こしょうを加えて混ぜる。半量は「きのこバターしょうゆ」用に取り分ける。
2. ベーコンを表面がカリカリになるまで炒め、**1**に混ぜてパンにのせる（炒めたときに出た脂も加える）。

きのこバターしょうゆ
1. フライパンにバターを熱し、しめじとエリンギを炒める。塩こしょう、しょうゆを入れて絡める。
2. パンにマッシュポテトをのせ、その上に**1**をのせる。

まぐろのたたきといくら
1. 包丁でまぐろを粗めにたたき、しょうゆを混ぜる。
2. パンにまぐろをのせ、その上にいくらをのせる。

アボカドとサーモンのタルタル

セルクルで丸く型どりして側面もキレイに。

材料（2人分）
- アボカド　………1個
- スモークサーモン　…10切れ
- クリームチーズ　…50g程度
- イタリアンドレッシング（市販）
　………………適量
- パセリ　………適宜
- ＊セルクルは直径8cmを使用

作り方
1. アボカドは2〜3mm厚さに薄く切る。サーモンはひと口大に切る。
2. お皿にセルクルを置き、アボカドをしく。
3. クリームチーズをアボカドと同じくらいの高さになるように入れる。
4. サーモンをのせ、セルクルを外したらドレッシングをかける。お好みでパセリを散らす。

Point
セルクルの内側に薄くオリーブ油（分量外）を塗るとキレイに抜きやすい！

column 夫飯

ブロッコリーのポタージュ

やさしい味わいのスープ。

材料(2人分)

- ブロッコリー………1/2株
- 玉ねぎ……………1/4個
- 牛乳………………400ml
- コンソメキューブ…1個
- オリーブ油………大さじ1

トッピング
- オリーブ油、粗びき黒こしょう
  ………………適宜

作り方

1. ブロッコリーは小房に分ける。玉ねぎは薄切りにする。
2. 鍋に水(分量外)を入れて沸かし、ブロッコリーをやわらかくなるまでゆでる。フライパンに油を熱し、玉ねぎをしんなりするまで炒める。
3. 2のブロッコリーと玉ねぎをハンドブレンダーにかけてペースト状にする。
4. 鍋に3と牛乳、コンソメを入れて混ぜ、ひと煮立ちさせたら、火を止めて器に注ぎ、トッピングをかける。

きのこソースのチキンステーキ

クリーミーなきのこソースが絶品!

材料(2人分)

- 鶏もも肉……………2枚
- オリーブ油………大さじ1
- 小麦粉……………適量
- 塩こしょう………適量

きのこソース
- 玉ねぎ(薄切り)……1/2個分
- マッシュルーム(薄切り)
  ……………1パック分
- 生クリーム…………200ml
- バター………………20g
- コンソメキューブ…1個
- にんにくチューブ…適宜
- パセリ……………適宜

作り方

1. ソースを作る。フライパンにバターを熱し、にんにくを入れて玉ねぎとマッシュルームを炒める。玉ねぎが飴色になったら生クリームとコンソメを入れて中火で煮詰める。ハンドブレンダーにかけてペースト状にする。
2. 鶏肉の分厚い部分は開いて平らにし、余分な筋を取り除く。火が通りやすくなるよう、両面に切り込みを入れる。
3. 皮目に小麦粉と塩こしょうをまぶす。フライパンに油を熱し、皮目から焼き色がつくように焼いていく。
4. 蓋をして中まで火を通し、蓋を外して皮がパリッとするまで焼く。1のソースと一緒に器に盛り、パセリをふる。

ベーコンと玉ねぎのリゾット

チーズのコクが味の決め手!

材料(2人分)

- ベーコン(細切り)……ハーフサイズ8枚分
- 玉ねぎ(薄切り)……1/4個分
- 炊いたごはん………お茶碗2杯分
- ピザ用チーズ………60g
- 牛乳………………400ml
- オリーブ油………大さじ1
- コンソメキューブ…1個
- 塩こしょう………適量
- パセリ……………適宜

作り方

1. フライパンに油を熱し、玉ねぎがしんなりするまで炒めて塩こしょうをふる。
2. ベーコンを加えてさらに炒める。
3. 牛乳とコンソメを加えて煮詰める。
4. ごはんとチーズを入れ、よく混ぜ合わせる。器に盛ってパセリをふる。

> チーズはお好みで追加してもOK

お腹いっぱい食べてほしい ガツンと単品

早く帰った日の晩ごはんや休みの日のランチなどに大満足のメニューです。

肉巻きポテト

マッシュポテトを豚ロース肉で巻き、甘辛く仕上げたボリュームのある一品。
じゃがいもはしっかりつぶしてなめらかな口当たりに。

材料（2人分）

豚ロース薄切り肉 …………250g（6枚くらい）
（豚バラ薄切り肉を使う場合は8枚くらい）
じゃがいも（大）……2個
小麦粉…………適量
オリーブ油………適量

A
　バター …………10g
　牛乳…………小さじ2
　塩こしょう ………適量

パセリ …………適宜

タレ
しょうゆ …………大さじ3
酒 …………大さじ2
みりん …………大さじ2
砂糖…………大さじ2

下準備

○ 鍋に水（分量外）を沸かし、小さく切ったじゃがいもをやわらかくなるまでゆでる。
○ タレの材料を混ぜておく。

作り方

1 じゃがいもをつぶし、Aを入れてなめらかになるまで混ぜ、マッシュポテトにする。

2 豚肉を2〜3枚、少し重なるように並べ、マッシュポテトをのせて巻く。巻き終えたら薄く小麦粉をまぶす。

3 フライパンに油を熱し、2の巻き終わりの部分を下にして焼き始める。最初にしっかり焼き色をつけるとはがれにくい。

4 全体に焼き色がついたらタレの材料を入れて煮詰め、全体に絡ませる。

> 焼き加減が気になる場合は、蓋をして少し蒸し焼きにする！

column 夫飯

えびのトマトクリームパスタ

えびの旨みと香りが利いた濃厚なソースがおいしい！
生クリームを使うことで、深いコクが出ます。

材料 (2人分)

- スパゲッティ ……… 200g
- むきえび ………… 6〜8尾
- 玉ねぎ …………… 1/2個
- トマト缶 (カットタイプ) ………… 1缶 (400g)
- オリーブ油 ……… 大さじ1
- 生クリーム ……… 200ml
- にんにくチューブ … 4cm
- コンソメキューブ … 1個
- ピザ用チーズ …… 適量
- 塩こしょう ……… 適量

トッピング
- パセリ …………… 適宜

下準備

- えびは背わたをとる。
- 玉ねぎは薄切りにする。
- 鍋に水 (分量外) を入れて沸かし、パスタを表記通りにゆでる。

作り方

1 フライパンに油を熱し、にんにくチューブを入れてえびを炒める。ある程度火が通ったら一度取り出す。

2 同じフライパンで玉ねぎを飴色になるまで炒め、トマト缶を入れる。中火から強火の間くらいの火力で、トマトの酸味を飛ばす。

3 生クリーム、コンソメ、チーズ、1のえびを加え、塩こしょうで味を調える。ゆでたスパゲッティを入れてよく絡ませる。器に盛り、パセリをかける。

> お好みでチーズや市販のバジルソースを大さじ2加えてもおいしい

ピーマンとなすの豚バラみそ炒め

甘辛いみそダレで仕上げたピーマン・なす・豚肉の炒め物。
トロッとした食感のなすにタレが絡み、ごはんが進みます。

材料（2人分）

- 豚バラ薄切り肉……200g
- ピーマン……………3個
- なす…………………2本
- 塩こしょう…………適量
- サラダ油……………大さじ1

調味料
- しょうゆ……………大さじ2
- みそ…………………大さじ2
- 酒……………………大さじ1
- みりん………………大さじ1
- 砂糖…………………大さじ1

下準備

- ピーマンとなす、豚肉はひと口大に切る。
- 調味料の材料を合わせておく。

作り方

1. フライパンに油を熱し、ピーマンとなすを入れて塩こしょうをふって炒める。
2. 野菜に火が通ったら豚肉を加え、さらに炒める。
3. 豚肉に火が通ったら、混ぜておいた調味料を加え、炒め合わせる。

> 調味料ににんにくチューブ2cmを入れるのもおすすめ！

column 夫飯

カルボナーラ

大きめに切った厚切りベーコンの旨みがおいしいパスタ。
卵黄をくずしながら召し上がれ。

材料(2人分)

- スパゲッティ ……… 200g
- 玉ねぎ ……… 1/2個
- 厚切りベーコン …… 150g
- 卵黄 ……… 2個分
- オリーブ油 ……… 大さじ1
- 粉チーズ ……… 適量
- 生クリーム ……… 200ml
- コンソメキューブ … 1個
- 塩こしょう ……… 適量

トッピング
- 卵黄 ……… 2個分
- 粗びき黒こしょう … 適宜

下準備

◎ 玉ねぎは薄切りに、厚切りベーコンは1cm幅くらいの棒状に切る。
◎ 鍋に水(分量外)を入れて沸かし、パスタを表記通りにゆでる。

作り方

1. フライパンに油を熱し、ベーコンを表面がカリカリになるまで炒め、塩こしょうで味をつける。

   お好みでにんにくチューブ2cmを加えてもOK

2. 玉ねぎを入れ、しんなりするまで炒める。

3. ゆでたスパゲッティ、チーズ、生クリーム、コンソメを加える。

4. 火を止めて卵黄2個を入れ、全体をよく混ぜ合わせる。器に盛り、卵黄をのせてお好みで黒こしょうをふる。

   卵黄を混ぜる際に、さらにチーズを追加してもOK

食材別さくいん

肉・肉加工品

ベーコン・厚切りベーコン
玉ねぎとベーコンの
コンソメスープ……17
アスパラとベーコンのみそ汁……25
白菜とベーコンのミルクスープ……33
ポテトサラダ……45
ミネストローネ……87
ごちそうサラダ……91
4種のブルスケッタ……104
ベーコンと玉ねぎのリゾット……105
カルボナーラ……109

ウインナー
カレー風味のパスタサラダ……79

牛バラ薄切り肉
ほっこり肉じゃが……52
小松菜と牛肉のポン酢和え……77
やみつきビビンバ……99
特製オムハヤシライス……100

牛豚合いびき肉
煮込みハンバーグ……16
和風ハンバーグ……48
麻婆豆腐……55

牛ももかたまり肉
ローストビーフ……82

ささみ
きゅうりとささみの
梅ポン酢和え……73
ささみユッケ風丼……97

スペアリブ
スペアリブのコーラ煮込み……90

鶏むね肉
よだれ鶏……69

鶏もも肉
鶏と野菜の甘酢あん……28
唐揚げ……44
筑前煮……57
チキンレモンクリーム煮……93
ふわとろ親子丼……98
きのこソースの
チキンステーキ……105

鶏ひき肉
豆腐入り月見つくね……66
大根そぼろ……71

生ハム
生ハムのシーザーサラダ……87

ハム
マカロニサラダ……17
春雨サラダ……55
ちくわ入りコールスロー……77
ハムとコーンのポテトサラダ……79

豚こま切れ肉
さつまいも入り豚汁……41
中華風おこわ……58
とんぺい焼き……62
ポークケチャップ……101

豚バラ薄切り肉
厚揚げ豆腐の肉巻き……36
れんこん入り豚汁……49
ピーマンとなすの
豚バラみそ炒め……108

豚ひき肉
れんこんのはさみ焼き……20
キーマカレー……94
タコライス……96

豚ロース薄切り肉
大葉とチーズの
ミルフィーユカツ……24
肉巻きポテト……106

魚介・魚介加工品

いくら
4種のブルスケッタ……104

むきえび
えびチリ……55
えびのサラダ……83
えびのトマトクリームパスタ……107

カニかまぼこ
カニクリームコロッケ……32
カニかまぼこ入り茶碗蒸し……71

鮭
鮭フライタルタル……40
鮭と大葉の混ぜごはん……59
鮭とカボチャのグラタン……86

スモークサーモン
サーモンとアボカドの
クリチ和え……33
アボカドとサーモンのタルタル……104

ちくわ
ちくわとアスパラの
バターポン酢和え……63
きゅうりとちくわの
コーンマヨ和え……67
ピーマンとちくわの炒め物……71
ちくわ入りコールスロー……77

まぐろの刺身
4種のブルスケッタ……104

明太子
厚揚げ明太チーズ……21
明太じゃがバター……29
明太れんこん焼き……49
れんこん明太マヨ……75
にんじんと明太子の卵炒め……78

ゆでだこ
パプリカとたこのマリネ……74

海藻加工品・乾物・こんにゃく

青のり
のり塩れんこん……45

かつお節
スナップえんどうおかか和え……29
長いもおかか和え……57
中華風おこわ……58
トマトチーズおかか……74

韓国のり
韓国のりトマト……63

乾燥わかめ
わかめと卵の中華スープ……54
油揚げとわかめのみそ汁……56
わかめごはん……58
わかめと豆腐の中華スープ……68
しいたけとわかめのお吸い物……70

こんにゃく
さつまいも入り豚汁……41
れんこん入り豚汁……49
筑前煮……57

白滝
ほっこり肉じゃが……52

春雨
春雨サラダ……55

刻みのり
ツナとまいたけの
炊き込みごはん……59

野菜・果物

アスパラガス
アスパラとベーコンのみそ汁……25
ちくわとアスパラの
バターポン酢和え……63
白だしづけアスパラチーズ……76

アボカド
サーモンとアボカドの
クリチ和え……33
キーマカレー……94
タコライス……96
アボカドとサーモンのタルタル……104

いんげん
いんげんのごま和え……53

枝豆
枝豆……37
カニかまぼこ入り茶碗蒸し……71

大葉
大葉とチーズの
ミルフィーユカツ……24
和風ハンバーグ……48
鮭と大葉の混ぜごはん……59

カボチャ
カボチャサラダ……57
夏野菜の揚げ浸し……73
カボチャバター……78
鮭とカボチャのグラタン……86
カボチャのポタージュ……91

キャベツ
とんぺい焼き……62
ちくわ入りコールスロー……77
ミネストローネ……87

きゅうり
マカロニサラダ……17
きゅうりとトマトのツナマヨ和え……25
にんじんときゅうりの卵サラダ……37
ポテトサラダ……45
春雨サラダ……55
きゅうりとちくわの
コーンマヨ和え……67
きゅうりともやしのナムル……69
きゅうりとささみの
梅ポン酢和え……73
きゅうりキムチ和え……75
カレー風味のパスタサラダ……79

小松菜
小松菜と牛肉のポン酢和え……77

ごぼう
筑前煮……57

さといも（冷凍）
筑前煮……57

さつまいも
さつまいもの塩バター焼き……25
れんこんとさつまいもの
甘じょっぱ炒め……41
さつまいも入り豚汁……41
さつまいもごはん……58
さつまいもとレーズンの
クリームチーズ和え……79

ごちそうサラダ……91

じゃがいも
煮込みハンバーグ……16
じゃがバターコーンのみそ汁……21
明太じゃがバター……29
玉ねぎとじゃがいものみそ汁……37
ポテトサラダ……45
ほっこり肉じゃが……52
ピーマンとじゃがいもの
甘じょっぱ炒め……76
ハムとコーンのポテトサラダ……79
ポテトチーズボール……83
チキンレモンクリーム煮……93
4種のブルスケッタ……104
肉巻きポテト……106

ズッキーニ
夏野菜の揚げ浸し……73

スナップえんどう
スナップえんどうおかか和え……29
スナップえんどうと
ゆで卵のマヨ和え……49

大根・大根おろし
さつまいも入り豚汁……41
和風ハンバーグ……48
れんこん入り豚汁……49
大根そぼろ……71

玉ねぎ
煮込みハンバーグ……16
玉ねぎとベーコンの
コンソメスープ……17
鶏と野菜の甘酢あん……28
玉ねぎと油揚げのみそ汁……29
カニクリームコロッケ……32
白菜とベーコンのミルクスープ……33
玉ねぎとじゃがいものみそ汁……37
鮭フライタルタル……40
さつまいも入り豚汁……41
和風ハンバーグ……48
れんこん入り豚汁……49
ほっこり肉じゃが……52
玉ねぎと豆腐のみそ汁……53
白だしづけトマト……74
パイ包みのスープ……83
鮭とカボチャのグラタン……86
ミネストローネ……87
カボチャのポタージュ……91
オニオングラタンスープ……93
キーマカレー……94
ふわとろ親子丼……98
特製オムハヤシライス……100
ポークケチャップ……101
ブロッコリーのポタージュ……105
きのこソースのチキンステーキ……105
ベーコンと玉ねぎのリゾット……105
えびのトマトクリームパスタ……107
カルボナーラ……109

ちんげん菜
卵白とちんげん菜の中華スープ……67

とうもろこし
じゃがバターコーンのみそ汁……21
とうもろこしごはん……59
とうもろこしの唐揚げ……73

トマト
韓国のりトマト……63
カプレーゼ……93
タコライス……96

長いも
長いもおかか和え……57

長いも梅和え	75

長ねぎ
えびチリ	55
よだれ鶏	69
麻薬卵	69

なす
鶏と野菜の甘酢あん	28
夏野菜の揚げ浸し	73
ピーマンとなすの豚バラみそ炒め	108

にんじん
煮込みハンバーグ	16
クリームチーズ入りにんじんラペ	17
鶏と野菜の甘酢あん	28
にんじんときゅうりの卵サラダ	37
さつまいも入り豚汁	41
ポテトサラダ	45
れんこん入り豚汁	49
ほっこり肉じゃが	52
筑前煮	57
中華風おこわ	58
ちくわ入りコールスロー	77
れんこんにんじんのごまマヨサラダ	78
にんじんと明太子の卵炒め	78
ミネストローネ	87
キーマカレー	94
やみつきビビンバ	99

白菜
白菜とベーコンのミルクスープ	33

パプリカ
夏野菜の揚げ浸し	73
パプリカとたこのマリネ	74

ピーマン
ピーマンと卵のふんわり炒め	21
鶏と野菜の甘酢あん	28
ピーマンとツナのナムル	41
ピーマンとちくわの炒め物	71
ピーマンとじゃがいもの甘じょっぱ炒め	76
ピーマンとなすの豚バラみそ炒め	108

ブロッコリー
ブロッコリーとツナの卵サラダ	77
ブロッコリーのポタージュ	105

ほうれん草
ほうれん草のお浸し	76
やみつきビビンバ	99

ミニトマト
きゅうりとトマトのツナマヨ和え	25
トマトのマリネ	33
トマトチーズおかか	74
白だしづけトマト	74
えびのサラダ	83
生ハムのシーザーサラダ	87
ごちそうサラダ	91
4種のブルスケッタ	104

もやし
とんぺい焼き	62
きゅうりともやしのナムル	69

レタス類
えびのサラダ	83
生ハムのシーザーサラダ	87
ごちそうサラダ	91
タコライス	96

レモン
唐揚げ	44
チキンレモンクリーム煮	93

れんこん
れんこんのはさみ焼き	20
鶏と野菜の甘酢あん	28
れんこんとさつまいもの甘じょっぱ炒め	41
のり塩れんこん	45
明太れんこん焼き	49
れんこん入り豚汁	49
筑前煮	57
れんこん明太マヨ	75
れんこんにんじんのごまマヨサラダ	78

きのこ

エリンギ
4種のブルスケッタ	104

しいたけ
筑前煮	57
しいたけとわかめのお吸い物	70

しめじ
白菜とベーコンのミルクスープ	33
中華風おこわ	58
鮭と大葉の混ぜごはん	59
豆腐としめじのみそ汁	63
小松菜と牛肉のポン酢和え	77
ミネストローネ	87
チキンレモンクリーム煮	93
特製オムハヤシライス	100
4種のブルスケッタ	104

なめこ
油揚げとなめこのみそ汁	45

まいたけ
ツナとまいたけの炊き込みごはん	59

マッシュルーム
パイ包みのスープ	83
ごちそうサラダ	91
きのこソースのチキンステーキ	105

卵

卵
煮込みハンバーグ	16
ピーマンと卵のふんわり炒め	21
大葉とチーズのミルフィーユカツ	24
にんじんときゅうりの卵サラダ	37
鮭フライタルタル	40
和風ハンバーグ	48
スナップえんどうとゆで卵のマヨ和え	49
卵焼き	53
わかめと卵の中華スープ	54
とんぺい焼き	62
豆腐入り月見つくね	66
麻薬卵	69
カニかまぼこ入り茶碗蒸し	71
ブロッコリーとツナの卵サラダ	77
にんじんと明太子の卵炒め	78
ウフマヨ	91
ふわとろ親子丼	98
特製オムハヤシライス	100

卵黄
豆腐入り月見つくね	66
パイ包みのスープ	83
キーマカレー	94
ささみユッケ風丼	97

やみつきビビンバ	99
カルボナーラ	109

卵白
卵白とちんげん菜の中華スープ	67

乳製品

クリームチーズ
クリームチーズ入りにんじんラペ	17
サーモンとアボカドのクリチ和え	33
カボチャサラダ	57
さつまいもとレーズンのクリームチーズ和え	79
アボカドとサーモンのタルタル	104

粉チーズ
生ハムのシーザーサラダ	87
カルボナーラ	109

スライスチーズ
大葉とチーズのミルフィーユカツ	24

生クリーム
カニクリームコロッケ	32
えびのトマトクリームパスタ	107

バター
じゃがバターコーンのみそ汁	21
さつまいもの塩バター焼き	25
明太じゃがバター	29
とうもろこしごはん	59
ちくわとアスパラのバターポン酢和え	63
カボチャバター	78

ピザ用チーズ
厚揚げ明太チーズ	21
鮭とカボチャのグラタン	86
オニオングラタンスープ	93
タコライス	96
ベーコンと玉ねぎのリゾット	105

ベビーチーズ
トマトチーズおかか	74
白だしづけアスパラチーズ	76

モッツァレラチーズ
えびのサラダ	83
ポテトチーズボール	83
生ハムのシーザーサラダ	87
カプレーゼ	93

ヨーグルト
カボチャサラダ	57
さつまいもとレーズンのクリームチーズ和え	79

大豆加工品

厚揚げ豆腐
厚揚げ明太チーズ	21
厚揚げ豆腐の肉巻き	36

油揚げ
玉ねぎと油揚げのみそ汁	29
油揚げとなめこのみそ汁	45
油揚げとわかめのみそ汁	56
中華風おこわ	58
稲荷そうめん	72

豆腐
アスパラとベーコンのみそ汁	25
玉ねぎと豆腐のみそ汁	53
麻婆豆腐	55
豆腐としめじのみそ汁	63
豆腐入り月見つくね	66

キムチのせ冷奴	67
わかめと豆腐の中華スープ	68

缶詰

コーン缶
きゅうりとちくわのコーンマヨ和え	67
カレー風味のパスタサラダ	79
ハムとコーンのポテトサラダ	79

ツナ缶
きゅうりとトマトのツナマヨ和え	25
ピーマンとツナのナムル	41
ツナとまいたけの炊き込みごはん	59
ブロッコリーとツナの卵サラダ	77

トマト缶
ミネストローネ	87
えびのトマトクリームパスタ	107

ごはん・パン・餅・麺

お米
さつまいもごはん	58
中華風おこわ	58
とうもろこしごはん	59
鮭と大葉の混ぜごはん	59
ツナとまいたけの炊き込みごはん	59

切り餅
中華風おこわ	58

ごはん
わかめごはん	58
キーマカレー	94
タコライス	96
ささみユッケ風丼	97
ふわとろ親子丼	98
やみつきビビンバ	99
特製オムハヤシライス	100
ポークケチャップ	101
ベーコンと玉ねぎのリゾット	105

そうめん
稲荷そうめん	72

パスタ
カレー風味のパスタサラダ	79
えびのトマトクリームパスタ	107
カルボナーラ	109

フランスパン
ガーリックトースト	87
オニオングラタンスープ	93
4種のブルスケッタ	104

マカロニ
マカロニサラダ	17

その他

梅干し
きゅうりとささみの梅ポン酢和え	73
長いも梅和え	75

トルティーヤチップス
タコライス	96

パイシート
パイ包みのスープ	83

白菜キムチ
キムチのせ冷奴	67
きゅうりキムチ和え	75

レーズン
さつまいもとレーズンのクリームチーズ和え	79

Hideka

1997年生まれ。料理クリエイター。夫との2人暮らしの晩ごはんを発信していて簡単で作りたくなるレシピ動画が話題に。かわいい盛りつけも人気でSNS総フォロワー数240万人を超える（2025年5月現在）。本書が初の著書となる。

Instagram @hideka_cooking
YouTube @hideka_cooking
TikTok @hideka_cooking
X @hideka_cooking

一汁三菜
おぼん献立

2024年12月7日　第1刷発行
2025年6月2日　第8刷発行

著者	Hideka
発行人	松井謙介
編集人	後藤嘉信
企画編集	柏倉友弥
発行所	株式会社 ワン・パブリッシング 〒105-0003 東京都港区西新橋2-23-1
印刷所	日経印刷株式会社
DTP	株式会社グレン

●この本に関する各種お問い合わせ先
本の内容については、下記サイトのお問い合わせフォームよりお願いします。
https://one-publishing.co.jp/contact/
不良品（落丁、乱丁）については業務センター tel：0570-092555
〒354-0045 埼玉県入間郡三芳町上富279-1
在庫・注文については書店専用受注センター tel：0570-000346

©Hideka

本書の無断転載、複製、複写（コピー）、翻訳を禁じます。
本書を代行業者等の第三者に依頼してスキャンやデジタル化することは、たとえ個人や家庭内の利用であっても、著作権法上、認められておりません。
ワン・パブリッシングの書籍・雑誌についての新刊情報・詳細情報は、下記をご覧ください。
https://one-publishing.co.jp/

STAFF

デザイン
廣田萌（文京図案室）

撮影
内山めぐみ、Hideka、Mihana

スタイリング
木村遥

調理アシスタント
山本りい子（@rico____food）

編集・ライター
明道聡子（リブラ舎）

校正
麦秋アートセンター

Special thanks
column 夫飯レシピ担当
としき（Hidekaの夫）